用⑪AI玩转小红书

张然冉 —— 著

人民邮电出版社

北京

图书在版编目（CIP）数据

用AI玩转小红书 / 张然冉著. -- 北京：人民邮电出版社，2025. -- ISBN 978-7-115-67093-9

Ⅰ. F713.365.2

中国国家版本馆CIP数据核字第2025N26V05号

内 容 提 要

当其他博主还在熬夜修图、写文案时，聪明的博主已经用AI实现小红书日更10篇爆款笔记。本书带你全面了解如何将AI与小红书结合，打造自己的内容体系。

全书共5章。第1章深入分析了行业现状，告诉你为什么运用传统的小红书运营方式已经难以突围，AI正在如何重塑游戏规则。第2章聚焦AI内容创作技巧，从必备的AI工具箱到提示词宝库，从标题工程到爆款文案创作原则，帮助你掌握高转化内容的创作秘诀。第3章带你探索多元化的变现路径，无论是种草带货、知识付费，还是个人IP变现，都有对应的AI辅助策略和优化方法。第4章深入小红书运营与数据分析的核心，教你如何用AI找准小众蓝海，破解"冷启动"困境，提升笔记的搜索曝光。第5章则是进阶内容，涵盖多平台联动、跨平台内容调整、新手快速启动及专业知识体系构建，帮助你将单一账号扩展为完整的内容矩阵。每一章内容都融合了作者及其学员的亲身经历与实战经验，没有空洞的理论，只有"接地气"的实操指南。

本书适合新手创作者、遇到内容产能瓶颈的万粉博主、电商商家、品牌方运营人员、知识付费从业者、传统行业转型者及MCN机构操盘手阅读，也可作为高校相关专业的参考用书。

◆ 著　　张然冉
　 责任编辑　张国才
　 责任印制　彭志环

◆ 人民邮电出版社出版发行　　北京市丰台区成寿寺路11号
　 邮编 100164　电子邮件 315@ptpress.com.cn
　 网址 https://www.ptpress.com.cn
　 临西县阅读时光印刷有限公司印刷

◆ 开本：880×1230　1/32
　 印张：10.875　　　　　　　　　　2025年4月第1版
　 字数：250千字　　　　　　　　　2025年11月河北第5次印刷

定　价：69.80元

读者服务热线：（010）81055656　印装质量热线：（010）81055316
反盗版热线：（010）81055315

AI 时代的小而美创业

从 2019 年开始，我一直专注于帮助普通人通过线上项目做 IP 创业。截至目前，我已经帮助学员总计拿到了 8 千万元以上的变现成绩。但是一直以来，我们的客户都有这么几个问题：

"我只有一个人，忙不过来啊！"

"团队大了，成本控制不住；团队小了，活儿干不完。不知道怎么办！"

"不明白市场，自己一个人去想，即使有你们的帮助，我也觉得精力不够！"

2022 年底那个寒冷的冬夜，我窝在沙发上，盯着计算机屏幕上刚上线的 ChatGPT，心跳加速。那一刻，我隐约感觉到了什么，却又说不清楚。两年后的今天，我已经在人工智能（Artificial Intelligence，AI）的辅助下完成了 47 个不同的创业项目。从内容创作到产品设计，从市场分析到用户运营，AI 对我们工作效率的提升，用"翻天覆地"4 个字形容也不为过。

过去，我写一篇 4000 字的专业文章需要一整天；现在，创作同样质量的内容只需要 2 小时。以前规划一个新产品的市场调研要花一周，现在 24 小时就能完成 80% 的工作。这就像创业者身边突然多了几位不知疲倦的助手，随时待命，从不抱怨。

"这么神奇的工具，一定很难操作吧？"

"肯定需要编程专业背景才能用好吧？"

"普通人应该没法做出这么厉害的东西吧？"

我听过太多这样的疑问，但事实是 AI 创业的门槛比你想象的要低得多。我没有编程专业背景，大学时学的专业是会计和金融，博士阶段学的是法律，创业从跨境电商起步。那时的创业路，现在还历历在目：起早贪黑地研究海外市场趋势，筛选产品时眼睛几乎要用坏了，写营销文案更是一个字一个字地斟酌，有时一天只能完成几个表单。此外，市场研究，信息整理，每一步都要花费大量时间，需要由专人做，做出来的还不一定准确。现在，AI 已经把游戏规则彻底改变了。

为什么说 AI 是小而美创业的杀手锏？

第一，AI 大幅降低了创作门槛。以前，高质量内容的创作需要专业知识、写作技巧和大量的时间投入。现在，AI 能够协助你进行选题分析、内容创作、视觉设计，让普通人也能生产接近专业水准的内容。

第二，AI 实现了惊人的效率提升。我的一位学员从以前每周发布 2 篇笔记到现在每周能稳定输出 8 篇笔记，质量不降反升。这种效率提升意味着你可以用更少的时间覆盖更多的内容方向，测试更多的变现模式。

第三，AI 让数据分析变得简单易懂。过去，看到后台的复杂数据，很多创作者一头雾水。现在，AI 可以帮助你分析数据趋势，提取关键洞察，指导你调整内容策略，让运营决策不再靠感觉。

那么，为什么选择小红书作为 AI 创业的主战场？

小红书兼具社区的温度和电商的转化力。相对于抖音和 B 站，小红书算法更青睐普通人的真实内容，也更扶持新人。这为普通人提供了公平的竞争环境，让小而美的个人创业成为可能。

如果你曾经因为资源有限而放弃创业梦想，如果你曾经因为技能不足而止步不前，如果你曾经因为时间紧张而踯躅不决，那么 AI 给了你一个重新出发的机会。而小红书作为最适合普通人的创业平台，与 AI 的结合创造了一个前所未有的机会窗口。

在过去的一年里，我见证了太多普通人通过"AI ＋小红书"实现逆袭的故事。一位全职妈妈通过 AI 辅助创建的家庭收纳账号在半年内积累粉丝 3 万个，月收入突破 2 万元；一位写作爱好者利用 AI 打造的心理咨询服务，客单价从 0 直接提升到 4 万元；还有一位退休教师用 AI 辅助创建的教育账号矩阵带动了线上课程和社群，掀开了"退而不休"的人生新篇章。他们都不是科技精英，没有强大的资源，有的甚至是"数字移民"。但他们抓住了这个时代的新机遇，用 AI 这把"钥匙"打开了小红书这座"宝库"。

现在 AI 发展得太快，很多人都困惑，感觉自己快要失业了。其实，这对所有人来说都是一个机会。因为我们不再是传统意义上的"互联网个体户"，而是升级为"创意导演"——我们设定愿景、制定策略、定义风格，而 AI 则成为我们手中强大的执行工具。

就像电影导演不需要亲自扛摄像机或布置每一个道具，我们也不需要执着于亲手写下每一个字。真正的价值在于我们的独特视角、真实经历和创意洞察，而这些正是 AI 无法复制的。

我们自己借助 AI，已经完成了很多以前无法完成的项目。如果你想要学习新知识，别人花一年时间总结的经验，你可以用 AI 在一周内全部掌握。这是一件很惊人的事情，但这已经变成了现实。

我经常用 AI 来学习，在做内容等多个方面，AI 都给了我非常强的助力。依托 AI，我们签约了超过 100 位专门做 AI 领域的博主，给今后的自己赋能。作为长期主义者，我相信自己当下的决策会在未来的 3～5 年里开花结果。

如果你也有理想，想要抓住这波红利，那就去做吧！我一直相信，这个行业的未来属于那些既能熟练运用 AI 工具，又能保持自己独特风格的创作者。这不是选择 AI 创作或选择原创，而是把两者融为一体，创造出优秀的内容。

最后，希望本书，希望我们，能成为你实现梦想的助力。

目录

第 1 章

小红书与 AI 结合的价值

第 2 章

AI 赋能内容创作

第 3 章

AI 赋能变现：让收入倍增的策略

第 4 章

AI 驱动的小红书运营与数据分析

第 5 章

AI 变现与商业扩展

第 1 章

小红书与 AI 结合的价值

1.1 行业困境与机遇：为何传统的小红书运营已经行不通

我们团队刚来的员工小雨曾经有一个创业梦。她于 2024 年底辞掉了稳定的银行工作，满怀憧憬地投入小红书创作。"第一周，我熬了 3 个通宵，精心写了 7 篇穿搭笔记，连封面都是找专业摄影师拍的。结果呢？数据最高的那篇只有 93 个浏览，12 个点赞……"小雨苦笑着给我看她的数据面板，"我妈看了都说不如去楼下菜市场发传单。"

后来，她来我们这里上班，明白了自己在小红书运营上的问题。但 AI 一来，老方法又行不通，必须要革新了。

2024 年底，小红书月活用户数量突破 3 亿，而创作者数量已超过 3000 万。这意味着当下的小红书已经是一个供大于求、内容爆炸的红海。而且，从 2023 年开始，小红书的算法经历了 3 次重大更新，每次都像给创作者上了一道新"紧箍咒"。

（1）2023 年初：内容质量评分体系升级

"以前我随手扫一张火锅照片，加个'太香了'就会有不少人点赞，现在发这种笔记简直是自寻死路。"老钱说，"算法开始重点考量内容的原创性、完整性和实用性。你的图片要拍得好，色、香、味 3 个角度你都要提到，还要带自己的人设。"

同质化内容被严重"歧视"。现在运营小红书都已经谈不上是什么太大的秘密了，做大家都知道的事情，自然没什么差异性。

（2）2023 年中：互动质量权重提升

以前我们经常会看到一些笔记，尽管有不少人点赞，但没有几条评论。这种笔记的曝光度会远远低于那些评论更多的笔记。小红书作为一个生活平台，想要的是更高的用户黏性和更多的用户互动。

（3）2024 年初：用户个性化推荐持续深化

由于现在的小红书不再缺内容，算法推荐的重点也从"推什么"转向"推给谁"。可以说，再小众的内容也能在小红书上找到用户，甚至得到几万人次的浏览量，而这群用户的销售转化率却非常高。在 AI 时代，小红书的这个特性会持续进化，因为 AI 能做更优质的关键词优化。这部分内容我们将在第 4 章和第 5 章详细讲解。

这些变化带来的结果是什么呢？

我们统计了大约 1500 位学员的反馈，2024 年新手创作者的首月平均浏览量比 2022 年下降了 50% 以上。尤其是 2024 年，有很多人连续发了 30 天笔记，每篇笔记的平均浏览量还不到 100 人次。

也就是说，如果你还在用 2022 年的运营思路，那就相当于骑着自行车参加 F1 赛车比赛——不仅跟不上，还可能被甩得连别人的尾灯都看不见。这也是现在那么多人抱怨流量越来越少的根本原因。而且，对于没有任何创作经验或专业技能的新手来说，情况可能更糟。

整个小红书生态正在经历一场前所未有的"流量大饥荒"，但有人正在用一种新方式悄悄地种出了一片丰收的"麦田"。

1.1.1　两极分化：AI 创作者与传统创作者的数据对比

面对这种"流量大饥荒"，再配合本书的主题，可能你以为我下一句要说："用 AI 创作，就能起飞。"

事实恰好相反，小红书算法在尝试打压明显的 AI 生成内容。但 AI 辅助创作的内容往往更加丰富、全面、专业，能触发更多用户的深度互动，这正是算法最看重的指标。

我们针对自己的学员（样本量大概为 1500 人）做了一个粗略统计，虽然整体浏览量在下降，但有一小部分创作者的流量却在逆势上涨（见表 1-1）。这些人的共同点是他们都在不同程度地运用 AI 辅助内容创作。

表 1-1　然冉·星华 IP 学苑内部统计

创作者类型	2023 年平均浏览量	2024 年平均浏览量	变化率
传统创作者	1560 次 / 篇	870 次 / 篇	−44%
AI 创作者	1620 次 / 篇	2580 次 / 篇	+59%

这个差距在新手创作者中表现得更为明显。零经验创作者如果使用 AI 辅助，他们的首月表现，从点赞、收藏量和变现速度来看，比使用传统方式创作的新手高出惊人的 3 倍（内部数据）！

就像开了外挂一样，不靠 AI 的普通人根本无法同时兼顾创作速度、创作质量和创作成本 3 个维度。现在所有人都在学习 AI，这不是你愿不愿意去学的问题，而是你不做 AI，就一定会被淘汰。毕竟别人抢到了红利，而你没有。

1.1.2　内容饱和度：一个让人窒息的行业现状

其实，真正可怕的不是创作者多，而是优质内容井喷。现在不仅是个人在玩小红书，各大品牌、MCN 机构甚至传统媒体都在抢这块流量"蛋糕"。我们来看一组第三方机构统计的令人窒息的数据。

- 美妆领域：2024 日均新增笔记约 21.3 万篇，较 2022 年增长 127%。

- 穿搭领域：2024 日均新增笔记约 18.7 万篇，较 2022 年增长 118%。

- 美食领域：2024 日均新增笔记约 15.2 万篇，较 2022 年增长 93%。

我们有一位做美妆的学员，熬夜写了一篇关于 Nars 新款唇釉的测评，想在早上 7:00 发布。她觉得这么早，肯定能抢到首发。结果她在 6:30 刷新一看，已经有 37 篇关于同款产品的笔记了！而且，很多都是带专业色卡、唇形特写的硬核测评，不是随便拍出来的草稿。

这意味着当下即使你熬夜写出了一篇"神仙级"的口红测评，它也可能瞬间被很多篇同类笔记淹没。在这样的环境中，仅靠勤奋和坚持已经远远不够。

如果你没有专业背景，没有突出的外形，没有特殊资源，那么单纯靠体力战在小红书是很难突围的，除非你有其他创作者没有的"武器"。

换句话说，小红书创作已经从最初的"随手分享"进化为全方位的"军备竞赛"。

- 专业团队入场：各大 MCN 机构、品牌官方号大量涌入。

- 创作门槛提升：高质量图片、专业文案、数据分析已成标配。

- 时间投入增加：一篇爆款笔记的平均准备时间从 2 小时增至 5.7 小时。

你可能会问："难道普通人在小红书上已经没有机会了吗？"

答案：传统意义上的小红书运营机会确实在急剧萎缩。但这恰恰是本书要讲的重点——困境中藏着新机遇。

1.1.3　AI：重塑小红书创作规则的高效工具

当传统创作者还在为一篇笔记绞尽脑汁时，AI 已经悄然改变了游戏规则。

我们团队从 2024 年上半年开始把所有 IP 项目植入 AI。我做了一个表格，记录我们使用 AI 及学员使用 AI 前后的惊人变化（见表 1-2）。

表 1-2　使用 AI 前后的创作效率变化

对比维度	传统创作方式	AI 辅助创作
内容构思时间	90 分钟	15 分钟
文案撰写时间	120 分钟	25 分钟
日均产出量	1 ~ 2 篇	5 ~ 7 篇
平均浏览量	2300	6700

最神奇的是，AI 不只让我们更快，还让我们更好。例如，以前我们做的内容经常有 "× 个方法教你……" 类别，现在能轻松拓展到 8 ~ 10 种，而且每种都有不同场景的应用案例。

在提升效率的同时，AI 还带来了创作质量和创意的飞跃。

它不仅是一个高效的"执行者"，还是一个永不疲倦的"创意伙伴"，就像有一个不用睡觉的头脑风暴小组在随时待命。

很多人以为用 AI 写文案很简单，但实际上高级玩家已经在用 AI 进行"算法逆向工程"了。小红书算法越来越聪明，但 AI 也在以惊人的速度学习和适应。

（1）内容多样性优化

例如，传统创作者可能写 10 篇测评文章都是类似的结构：开场白、产品介绍、体验感受、总结推荐。但是，我们用 AI 可以设计出 8 种不同的内容结构，每种都能触发不同的用户互动点。

相同主题的内容使用多样化结构后，我们的用户停留时间平均增加了 42%，评论率提升了 76%。这正是算法最喜欢的信号。AI 提升的内容质量可以直接作用到算法上。

（2）精准用户洞察

AI 最厉害的功能是可以分析海量数据，找出受众真正关心的痛点和兴趣点。例如，我们做美食内容，传统方式可能只关注好不好吃，但 AI 帮助我们挖掘出用户更关心是否适合减脂期、含糖量多少、是否添加防腐剂等细分点。

针对一篇关于健康零食的笔记，我们有学员用 AI 分析了目标用户的 16 个关注维度，结果这篇笔记的转发率是他以前同类笔记的 3 倍多。因为它精准击中了用户痛点（见图 1-1）。

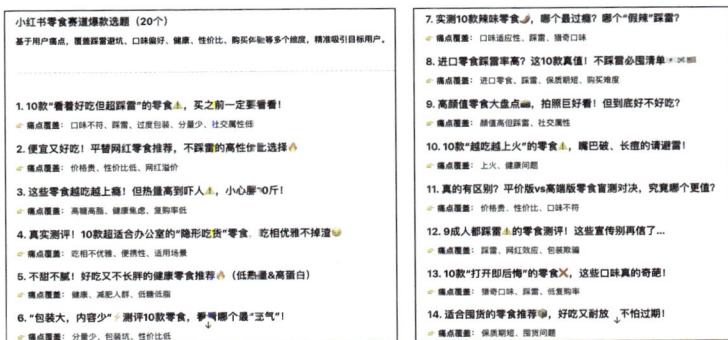

图 1-1　AI 输出的零食领域选题

（3）互动质量提升

AI 可以帮助我们预测可能的用户提问，并在内容中巧妙埋下伏笔，引导读者提出深度问题，而不是简单的"求链接"。用好 AI，评论区从以前的"谢谢分享"变成了充满思考的讨论区，这对算法来说是超强信号。

有趣的是，小红书平台也意识到了 AI 创作的兴起。平台确实在调整算法以识别纯 AI 生成的内容，但这反而催生了"AI+人工"混合创作的新模式——一种既保留 AI 效率，又融入人类创意的完美结合。其实，平台并不排斥高质量内容，无论它是如何产生的。

1.1.4　价值感：AI 创作的核心竞争力

很多人说，浏览小红书时总感觉像在吃棉花糖（看起来很多，吃完却感觉什么都没得到），甚至说现在用户最怕看到那种"买它！买它！买它！"的内容。但这种笔记可能只是为了走量，只有一个卖点，其他理由都懒得给。

在内容过剩的时代，用户最渴望的是真正有价值的内容。

举个例子，假设你做一篇笔记，介绍价格为 300 元的面霜。以前，你可能就说"很补水、很保湿、很滋润"这种大家都知道的废话。现在借助 AI，你能分析它的 8 种主要成分对不同肤质的作用机制，还能对比市面上 5 款同价位产品的成分配比优劣，甚至根据不同年龄段推荐最佳使用方法（见图 1-2）。

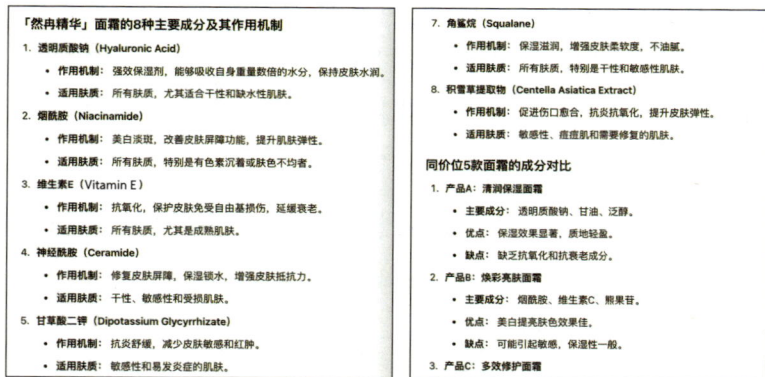

「然冉精华」面霜的8种主要成分及其作用机制

1. 透明质酸钠（Hyaluronic Acid）
   - 作用机制：强效保湿剂，能够吸收自身重量数倍的水分，保持皮肤水润。
   - 适用肤质：所有肤质，尤其适合干性和缺水性肌肤。

2. 烟酰胺（Niacinamide）
   - 作用机制：美白淡斑，改善皮肤屏障功能，提升肌肤弹性。
   - 适用肤质：所有肤质，特别是有色素沉着或肤色不均者。

3. 维生素E（Vitamin E）
   - 作用机制：抗氧化，保护皮肤免受自由基损伤，延缓衰老。
   - 适用肤质：所有肤质，尤其是成熟肌肤。

4. 神经酰胺（Ceramide）
   - 作用机制：修复皮肤屏障，保湿锁水，增强皮肤抵抗力。
   - 适用肤质：干性、敏感性和受损肌肤。

5. 甘草酸二钾（Dipotassium Glycyrrhizate）
   - 作用机制：抗炎舒缓，减少皮肤敏感和红肿。
   - 适用肤质：敏感性和易发炎症的肌肤。

7. 角鲨烷（Squalane）
   - 作用机制：保湿滋润，增强皮肤柔软度，不油腻。
   - 适用肤质：所有肤质，特别是干性和敏感性肌肤。

8. 积雪草提取物（Centella Asiatica Extract）
   - 作用机制：促进伤口愈合，抗炎抗氧化，提升皮肤弹性。
   - 适用肤质：敏感性、痘痘肌和需要修复的肌肤。

同价位5款面霜的成分对比

1. 产品A：清润保湿面霜
   - 主要成分：透明质酸钠、甘油、泛醇。
   - 优点：保湿效果显著，质地轻盈。
   - 缺点：缺乏抗氧化和抗衰老成分。

2. 产品B：焕彩亮肤面霜
   - 主要成分：烟酰胺、维生素C、熊果苷。
   - 优点：美白提亮肤色效果佳。
   - 缺点：可能引起敏感，保湿性一般。

3. 产品C：多效修护面霜

图 1-2　以"然冉面霜"为题，用 AI 生成的结果

AI 最擅长的恰恰是从海量信息中提炼核心价值，并以最适合目标受众的方式呈现出来。这正是传统创作者常常力不能及的地方。

■ 知识深度：AI 可以整合专业领域的大量知识点，就像

随身带了一个专业顾问团队。

- 信息广度：能够融合多角度、多维度的观点，一篇笔记能顾及各种需求的用户。
- 表达精准：根据目标用户的特点调整语言和呈现方式，既能讲给专业人士听，也能让新手理解。

我们团队帮助客户做测评，以前最多能从 5 ~ 6 个维度分析。现在使用 AI 辅助，我们的测评不仅能覆盖 12 ~ 15 个专业维度，还能根据不同肤质的用户给出个性化建议。

大多数小红书创作者还习惯于传统创作模式，这恰恰为敢于拥抱 AI 的先行者创造了难得的"弯道超车"的机会。

1.1.5　先发优势：黄金窗口期或仅剩 12 ~ 18 个月

根据技术采用曲线（见图 1-3），任何颠覆性技术从早期采用到大规模普及通常需要 18 ~ 24 个月。

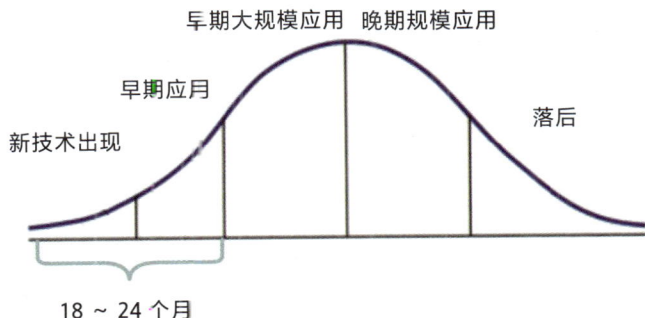

图 1-3　技术采用曲线

目前，AI 在小红书创作领域的应用处于早期阶段，这意味着：

■ 现在开始学习和应用，你将领先 95% 的创作者；

■ 你积累的经验和数据将成为未来竞争的无形资产；

■ 当大多数人意识到这个趋势时，你已建立了难以逾越的壁垒。

在数字创意领域，技术变革往往不会给后来者留下太多机会。想想那些坚持使用传统排版而错过计算机革命的印刷厂，或者固守胶片而不愿转型数码的摄影师，他们的结局是什么？现在学习 AI，创作成本很低。但如果等它成为主流，你再去学，已经没有任何竞争力了。

小红书创作正处于类似的转折点。未来 12 个月内，我们很可能看到这样的分化：

■ 20% 的创作者拥抱 AI，获得 80% 的流量和商业机会；

■ 80% 的创作者继续守着传统模式，争夺剩下的 20% 的注意力。

这不是危言耸听。从 2024 年 11 月到 2025 年 2 月，我们项目组的 12 人全部使用 AI 辅助创作，除了 2 人特别不上心，其他 10 人的平均涨粉率是传统创作者的 3.8 倍。这个趋势已经很明显了。

有人可能会问："我也用 AI 生成过内容，感觉 AI 生成的内容很僵硬，没有人情味，怎么办？"很多人都反映，AI 创作出来的内容干巴巴的，很像一本老掉牙的百科全书。其实，AI

创作的内容最好不要直接使用，本书也不是教你完全依赖 AI，而是根据每个人的习惯建立人机协作的创作体系——用 AI 更高效地发挥人类的创意。

你可以用 AI 生成内容框架和专业知识点，然后注入自己的经历和感受；或者先自己写框架，让 AI 帮助润色修饰；在遇到瓶颈时，让 AI 帮助找资料、查案例。

例如，你想要做一篇关于老北京茶馆的笔记，就可以用 AI 帮助你梳理北京不同茶馆的历史渊源和特色，然后加入你和爷爷一起去喝茶的童年回忆，以及对茶文化传承的思考。这样的方法用好了，读者根本感觉不到 AI 创作的痕迹，只觉得你特别专业，而且特别用心。

虽然今天的 AI 已经远超大多数人的想象，但它的本质依然是工具。就像厨师和食材的关系，再好的食材也需要厨师的火候和创意。而 AI 就是你的高级食材，帮助你节省了采购和准备的时间，让你能专注于烹饪的艺术。

总之，AI 不是来抢你饭碗的，而是给了你一台"印钞机"，关键在于你是否愿意学习如何操作这台机器。

1.2 小红书平台：普通人的"掘金地"

我在一次线下课中提到："小红书就像一个奇怪的江湖，

表面上看，最火的好像是'大 V'和明星，但真正赚钱的却往往是那些你从未听说过的普通人。"

在 1.1 节，我们了解了小红书创作者面临的残酷竞争环境。你可能有些沮丧，甚至想问："这么难，普通人还有机会吗？"

答案是"有，而且比你想象的要多得多"。

与其他内容平台相比，小红书有几个独到之处，使它成为普通人的"掘金地"。

1.2.1　小红书为什么是普通人的"掘金地"

在所有内容平台中，小红书正迅速成为普通人最容易变现的"掘金地"，原因主要体现在以下 3 个方面。

（1）知识付费门槛更低——从专家到"同路人"的转变

做求职辅导的小红书博主"BinGo 逛职场"这样说："我在抖音上没什么优势，因为我长得不帅，也不会跳舞，专业知识讲得又不如那些包装出来的网红。但在小红书上，我分享的经验和做出的分析得到了超高次数的转发。因为我不是以一个传统机构或者行业专家的姿态出现，而是以'留学生过来人'的身份在分享经验。"通过分享经验的方式，他在小红书上引流到私域变现，成交人数超过 500 人。他的客单价很高，也是我们变现金额最高的学员之一（见图 1-4）。

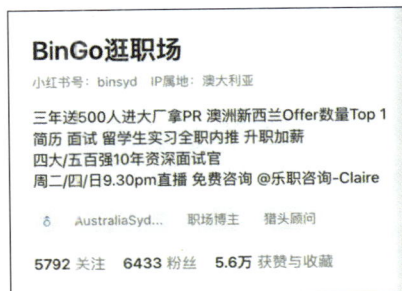

图 1-4　小红书博主"BinGo 逛职场"

小红书用户更愿意相信与自己处境相似的"同路人"，而不是高高在上的"专家"。有数据显示，同等条件下，小红书上经验分享型内容的互动率比知识教学型内容的互动率高出46%，这恰恰是普通人的优势所在。

而且，在小红书上，越小众、垂直的知识内容，越容易卖出高价。例如，"普通职场人际关系训练营"或许只能卖199元，但"医院护士职场人际相处训练营"却能卖到999元，虽然受众更窄，但转化率和客单价都更高。

例如，小红书博主"包子妈妈吕吕"从做母婴分享类账号开始，到做针对全职妈妈的知识付费，垂类赛道的客单价比泛泛的"做小红书课程"收费更高（见图1-5）。

图 1-5　小红书博主"包子妈妈吕吕"

小红书的魅力在于具有真实性和代入感。这里的用户不需要你有多专业，他们需要的是能理解他们处境、能共情他们困扰的人。而普通人恰恰拥有这种先天优势。大多数用户并不需要理论上的"最优解"，他们需要的是实际可行的"次优解"。普通人分享自己的试错过程，包括花了多少钱、花了多少时间、走了哪些弯路，这种可见的成本让内容更有说服力。

如果你想做 Python 的知识付费，在小红书更合适的是分享自己"零基础学 Python 自动化办公"的经历，详细记录学习用时、遇到的困难和实际应用场景。这些内容比"7 天精通 Python"之类的课程更受欢迎，因为它展示了真实的学习成本。

（2）流量分配更公平——超强的发现机制

小红书不讲究账号权重，只做精准流量。以前我们有学员在微博和 B 站耕耘了 3 年，粉丝数量一直没有过万。来小红书第一个月，因为一篇关于胶片相机的笔记爆火了，新增粉丝数量达到 5000 个。他发布内容时才 100 多个粉丝，但平台依然把他的内容推给了对这个话题感兴趣的人。

与粉丝基数决定曝光量的平台不同，小红书的算法更注重内容本身的质量和用户匹配度。平台数据显示，有超过 65% 的内容曝光来自非关注关系。这意味着即使无粉丝关注的账号，只要内容足够优质，也能获得大量曝光。

小红书的算法有点像伯乐，它不看你的"出身"——粉丝数，而是看你的"才华"——内容质量。这种机制特别适合普通人从零开始运营小红书。

（3）变现途径更多元——不靠流量也能赚钱

很多人误以为没有大量粉丝就赚不到钱，这在小红书完全不是这样的。我有一位做小众香水测评的客户，小红书账号只有 8000 个粉丝，但月收入轻松过万元，因为她走的是精准种草和达人佣金路线。

小红书的变现途径远比你想象的要丰富。

- 橱窗带货：普通人也能开通，没有高门槛。
- 达人佣金：推广商品获取 5% ~ 30% 的佣金。
- 知识付费：售卖电子书、课程或提供咨询服务。
- 小红书广场：接单提供服务，如翻译、设计等。
- 品牌合作：不仅看重粉丝数量，更注重垂直度和精准度。

新手最大的误区是认为只有"大 V"才能变现。事实上，我见过太多月入过万元的小账号博主，他们找到了适合自己的变现路径。

1.2.2 揭秘小红书平台的独特调性

要在小红书取得成功，理解平台的调性至关重要。很多跨平台创作者失败的原因，正是没有适应小红书的独特调性。

（1）种草文化与消费心理

小红书比微博、抖音都有种草氛围，但比拼多多、淘宝更生活化。这里的用户不仅是来购物的，而且是来寻找美好生活方式的。

平台数据显示，小红书用户在购买前平均会阅读 7.2 篇相关笔记。这远高于其他平台的转化路径。而且，这意味着笔记的价值不仅在于直接带货，而且在于影响消费决策。

最成功的创作者往往能巧妙平衡实用性和理想生活之间的张力，既提供实际可行的建议，又不失对美好生活的向往和描绘。

（2）女性主导的社区文化

小红书的女性用户基础决定了平台的交流方式更倾向于共情和分享，而不是辩论和展示。

有数据显示，小红书用户中女性约占 70%，且主要集中在 25 ~ 35 岁这个年龄段。这种用户结构塑造了平台以下独特的沟通风格。

- 共情胜过说教：成功笔记往往以"我也曾经……"开头。
- 细节决定成败：女性用户对细节的关注度远高于男性。
- 情感连接很重要：纯干货不如有情感连接的内容受欢迎。

很多男性创作者运营小红书之所以失败，是因为他们习惯了"展示专业"，而不是"分享感受"。但 AI 正好可以帮助调整这种表达方式，让内容更符合平台的调性。

（3）真实与理想的矛盾平衡

小红书最迷人的地方在于它同时满足了用户对真实和理想的双重渴望。用户既想看到真实的使用体验，又期待憧憬中的理想生活。这种矛盾体现在内容偏好上：一方面，用户厌恶明显的"滤镜人生"，78% 的用户表示更信任"素颜测评"；另一方面，精美的摆拍和构图仍然是带来高点赞率的重要原因。

理解这种矛盾是创作出爆款内容的关键。最成功的笔记往往是那些在真实体验的基础上，加入一些美学的内容。

1.2.3　隐藏在小红书中的新机会

尽管竞争激烈，小红书仍然蕴含着众多未被充分挖掘的机会。特别是借助 AI 技术，这些机会变得触手可及。

（1）跨界内容的蓝海机会

小红书上最大的机会往往不在于做新内容，而在于做跨界内容。例如，把健身和职场、育儿和理财、美食和心理学这样的领域结合起来（见图 1-6）。与普通、单一的内容相比，这样的内容更有差异性和价值。

36岁女交易员对育儿的金钱观

白白欧尼 ♡ 1960

当我问deepseek，年薪20万如何托举孩子？

两只小昭 ♡ 598

30+北美双职工有娃家庭2025财务规划

李泡芙的生活攻略 ♡ 329

压岁钱别只会存银行!从小要培养不打工思维

哈哈大王 ♡ 205

图 1-6　小红书上"育儿＋理财"的跨界爆款内容

通过分析平台上的热门内容，我们发现跨界内容笔记的平均浏览量比单一内容笔记高出 86%。这是因为它们满足了用户的多维需求，同时竞争也相对较少。

AI 恰好擅长整合不同领域的知识。例如，你是一位健身达人，就可以用 AI 帮助自己将健身知识与办公室情境结合，打造"办公室 5 分钟减脂训练"这样的跨界内容（见图 1-7）。与日常健身相比，这些内容有很大的差异性。

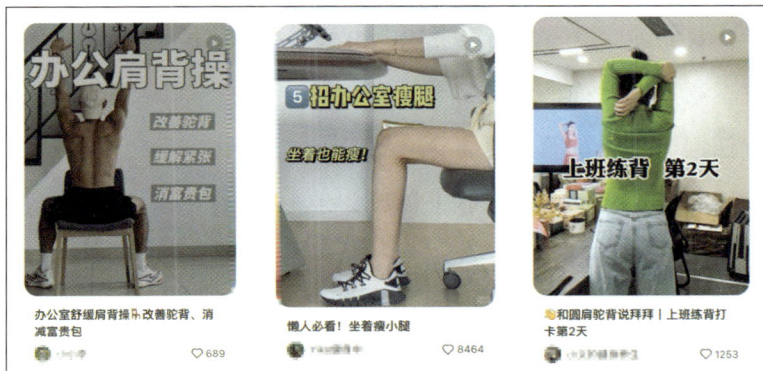

图 1-7　关于"办公室健身"的爆款笔记

（2）"AI+ 人设"的差异化突围

最近一年，小红书上最成功的新人几乎都采用了"人设 + 专业"的组合打法。单纯的"干货"已经很难出圈，但如果你有独特的人设，再加上专业的内容，突围就容易得多。例如，一位前索尼工程师分享数码知识，一位两娃辣妈营养师分享育儿餐谱，这种组合特别容易建立信任和差异（见图 1-8）。

图 1-8　具有交叉人设"育儿＋理财＋科技"的蘑菇妈妈

AI 技术恰好可以在以下两个维度助力：

- 帮助挖掘和放大个人经历中的独特人设点；
- 提供专业领域的知识支持和内容生产。

我们辅导过一位前银行职员小吕，她本想做理财账号，但发现竞争太激烈。通过 AI 分析，我们发现她"00后理财女孩+曾任银行柜员"的人设组合有特色。结合 AI 辅助生产专业内容后的半年时间，她在小红书新增粉丝 7 万个，现在月收入稳定在 2 万元以上。

（3）本地化内容的未开发潜力

小红书正在从"全国平台"走向"本地平台"，这是很多人忽视的趋势。现在平台算法更倾向于推送用户所在城市的相关内容，这给本地化创作者带来了新机会。

平台数据显示，本地相关内容的用户留存率比普通内容高出 37%，这意味着做本地化内容更容易积累稳定的粉丝群体。例如，一位普通的成都咖啡爱好者与其竞争全国咖啡测评，不如专注做"成都咖啡地图"，反而更容易出圈。因为尽管市场不在全国范围内，但竞争程度低，只要内容再做出一点差异化。而 AI 可以帮助整合当地信息，提供更全面的本地指南（见图 1-9）。

图 1-9　小红书上对"成都咖啡"的搜索结果

1.2.4　普通人的"AI+ 小红书"制胜策略

在理解了小红书的平台调性和机会后,普通人应该如何利用 AI 工具在这片红海中突围呢?

(1)寻找个人独特性与市场需求的交叉点

每个人都有独特性,关键是找到这种独特性与市场需求的交叉点。别想着模仿别人,而是问自己:"我有什么是别人没有的?"

下面有一个简单的寻找过程:

- 列出你的 3 个身份标签,如二胎妈妈、前银行职员、瑜伽教练;
- 列出你的 3 个兴趣领域,如低碳生活、职场穿搭、亲子教育;
- 尝试不同的组合,寻找差异化角度。

AI 可以帮助你分析每种组合在小红书上的竞争程度和潜在受众，找到那个既有你的独特性，又有足够市场需求的点，那就是你的立足之地。

按照以上提示，你可以直接向 DeepSeek 提问，如图 1-10 所示。

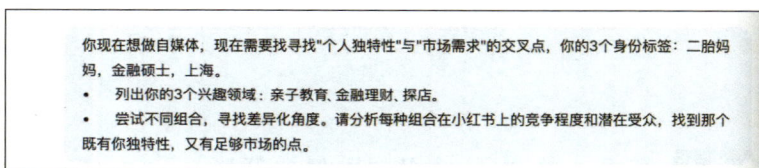

你现在想做自媒体，现在需要找寻找"个人独特性"与"市场需求"的交叉点，你的3个身份标签：二胎妈妈，金融硕士，上海。
- 列出你的3个兴趣领域：亲子教育，金融理财、探店。
- 尝试不同组合，寻找差异化角度。请分析每种组合在小红书上的竞争程度和潜在受众，找到那个既有你独特性，又有足够市场的点。

图 1-10　按照提示向 DeepSeek 提问

DeepSeek 输出内容，如图 1-11 所示。

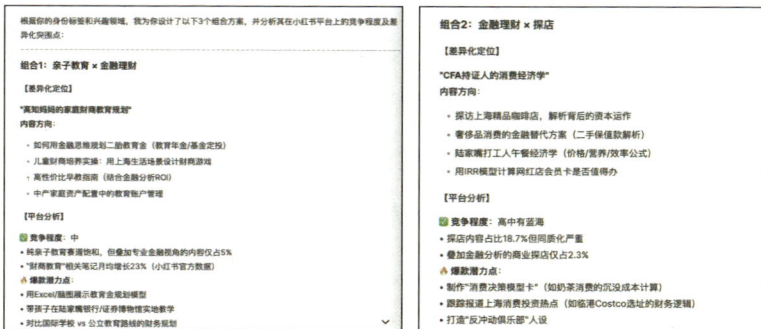

图 1-11　DeepSeek 输出内容

（2）巧用 AI 进行精准适配，而非通用创作

现在一般人最大的误区是把 AI 当作一个通用内容创作工

具，而真正的高手是用 AI 进行精准适配，即根据不同平台、不同受众定制内容。

我们培训学员用 AI 做 IP，有一个简单但有效的工作流：

- 先用 AI 分析目标受众的语言习惯和关注点；
- 再用 AI 调整创作风格，匹配小红书平台的调性；
- 最后加入个人经历和情感，增加内容的真实感。

例如，同样写"秋季穿搭指南"，普通人写出来的内容可能很通用，但用 AI 进行精准适配后，内容会变成"适合通勤族的秋季叠穿技巧（身高 158cm，亲测不显矮）"这样更有针对性的形式（见图 1-12）。

图 1-12　DeepSeek 对回答的思考过程

（3）从内容创作者转型为社群运营者

小红书正在从单纯的内容平台变成社群平台，最成功的账号依靠的不再是单向输出内容，而是构建有温度的互动社群。

拥有活跃评论区的账号，其粉丝留存率比没有活跃评论区的账号要高很多，变现效率也更高。这恰恰是 AI 和普通人的最佳组合点。用 AI 高效生产内容，而你自己则专注于社群互动和情感连接，这样即使是普通人也能打造独特的社群价值。

普通人可以做到以下几点：

- 用 AI 生成内容框架和专业知识点；
- 亲自回复每一条有意义的评论；
- 定期举办线上互动活动，增强社群的黏性。

我有一位客户是家庭主妇，完全没有专业背景。但是，她用 AI 辅助创作家庭收纳类内容，自己则专注于和粉丝互动，现在已经做成了一个有 5 万人的活跃社群，月收入过万元。

1.3 成功案例解析：如何用"AI+ 小红书"实现月入过万元

小红书上只有"大 V"和专业博主才能变现吗？大家真的不要被这个误区困住了。真正的机会往往在于找准赛道，在 AI 的助力下，普通人一样能实现收入突破。

现在 AI 的发展，其实就是给普通人提供了一个超级杠杆。本节将深入解析 3 位来自不同领域的普通人，看他们如何借助

"AI+ 小红书"的组合实现了月入过万元的突破，为你提供可复制的成功路径。

1.3.1　案例 1：App 测评领域的隐形掘金机会

我们团队算是市面上第一批做 App 测评领域的了，这个领域不需要人物出镜，粉丝数量少时就能接到广告，而且几乎没有成本。可以说，这对于普通人就是"做副业＋做线上"的首选起点。

由于这个领域主要输出的是工具性内容（见图 1-13），可以说是最适合 AI 的领域之一。我们学员的最佳记录是在 15 个粉丝时就接到了广告（某种意义上，甲方很喜欢找这些刚起步的账号，有曝光量，价格相对较低，做得又用心）。一开始的变现会促使你持续输出，一直做下去。

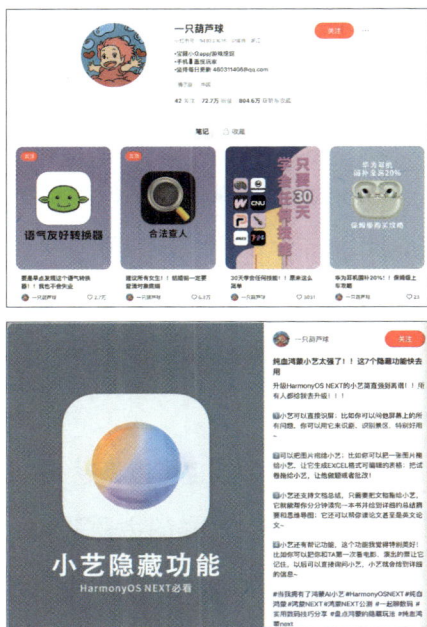

图 1-13　小红书上做 App 测评的账号及其内容示例

App 测评领域具有以下特点：

- 受众基础广泛：几乎人人都使用 App，潜在受众巨大；
- 低门槛、高回报：不需要专业背景，只需清晰指出痛点和解决方案；
- 广告主资源丰富：互联网公司的营销预算充足，常年需要大量测评内容；
- 矩阵效应显著：可以覆盖多个细分领域，扩大影响力；
- 更新迭代快：App 频繁更新，提供了源源不断的素材。

每篇测评都直击用户痛点，不是泛泛地说这个 App 有什么功能，而是具体告诉你它能解决什么实际问题。例如，不是简单地说"这是一个记账 App"，而是说"经常忘记自己的钱花哪了？这个 App 帮你轻松搞定预算管理"。

App 测评领域的爆款内容很注重细节展示，通过大量截图和录屏展示 App 的实际使用场景，让人一看就懂。而且，这些爆款内容不只介绍功能，还会加入个人使用体验和建议，比如"这个功能适合上班族，但学生党可能用不上"这样的差异化评价。

App 测评领域也可以做系列内容，像"效率工具合集""设计师必备 App"这样的主题系列，既能满足特定人群的需求，又能形成内容矩阵，还特别容易被收藏。

关于变现，主要有以下 4 种方式：

- 推广付费 App，获取分成；

- 接受 App 官方委托，做功能展示和测评；
- 运营多个细分领域的账号，增加合作机会；
- 把特定领域的优质 App 资源整合成付费专栏提供给用户。

App 测评领域主要以"干货"输出为主。AI 出现以后，即使你自己没有全面的 App 使用经验，但借助 AI 可以快速提升内容的专业性和生产效率。例如，你可以给 AI"投喂"好几篇介绍同一款 App 的笔记，让 AI 给你创作一个全新的 App 介绍文案框架，你在这个框架上修改，就会事半功倍。在前期把做账号的模式跑通后，你就可以批量产出这一类账号。

在这里有几个可以参考的成功因素。

- 垂直细分：专注于特定类型 App，如效率工具、设计软件、财务管理等。
- 用户视角：从解决问题出发，而不是简单的功能介绍。
- 矩阵思维：建立多个细分账号，形成相互引流的生态。
- AI 辅助高效输出：利用 AI 提升专业度和生产效率，保持高频更新。

App 测评是一个被低估的黄金领域。最关键的是它几乎没有门槛，普通人完全可以通过系统学习和 AI 辅助快速切入。而且，因为不需要真人出镜，所以你可以批量产出这类账号。最关键的是，你可以借助 AI 实现这个方向的专业化和规模化。

1.3.2 案例 2：电商带货的 AI 智能选品和文案革命

阿粒是我们的学员，以前在互联网公司工作。几年以后，她感觉互联网公司的工作压力实在太大，决定转战自由职业。她分析了自己的起点条件：

- 在互联网公司工作，时间被严格分割；
- 前期资金有限，无法大量囤货试用；
- 不知道选择什么产品推广；
- 一开始写出的内容缺乏吸引力和转化力；
- 不了解平台算法和流量规则。

在尝试好物分享、美食等多个内容方向后，阿粒选择了知识付费。两个月时间，随着她的第一篇点赞量超过 2000 个的爆款笔记出来，她引流了 1000 多人到私域，成交人数超过 100 人，平均成交价达到每人 3000 多元。这时，她的粉丝数量才 2000 多个（见图 1-14）。

趁热打铁，我们帮助她做了一场

图 1-14　阿粒当时的小红书账号

发售。这时距离她做出第一篇爆款笔记已经过去了 2 个月，但因为私域做得有温度，所以大家依然跟她有互动。

但是，当变现金额达到 50 万元时，阿粒逐渐感到力不从心。而且，她并不是专业的知识付费老师，她有自己的兴趣爱好。这时，阿粒发现自己对美妆护肤和家居好物有天然的兴趣，所以她从 2024 年开始系统学习 AI，逐渐找到了适合自己的电商带货路径。尽管现在人们都说抖音带货竞争很激烈，但有了 AI 的辅助，日输出笔记 3 篇以上也变成了可能。她做了一个简短的电商带货分析。

- 市场规模庞大：小红书已经成为种草决策的首选平台。但在带货方向上，抖音还是最全面的。所以，她决定先挑战自己，从最大的市场抖音着手。
- 转化路径清晰："内容—信任—购买"的闭环完整。
- 佣金体系成熟：通过橱窗、联盟、私域等多元变现。
- 长尾效应明显：优质内容持续产生佣金收入。
- AI 辅助空间大：选品、文案、投放全链路可 AI 优化。

阿粒的电商带货之路可以分为三个关键阶段，每个阶段都离不开 AI 的强力辅助。

第一阶段，阿粒利用 AI 实现了精准选品的突破。"传统选品方式真的太靠个人经验和感觉了，效率低，成功率也不高。"她说，"但有了 AI，整个选品过程变得科学和高效。"

她会用 AI 分析平台热销数据，识别潜在爆款产品；建立产品评分模型，综合考虑利润率、转化难度和市场容量；预测产品生命周期，避开即将饱和的品类。AI 还会帮助她分析同类产品的推广饱和度，找出竞争薄弱的环节和蓝海机会，预测未来一两个月的市场趋势变化。

"以前我完全凭感觉选品，10 个产品中可能只有一个转化不错。现在用 AI 辅助选品后，我每次都能命中 5 个左右，极大地节省了时间和精力。AI 太重要了！"她如是说。

第二阶段，阿粒借助 AI 极大地提升了文案创作的质量和效率。"内容质量决定转化效果，这一点在电商带货领域特别明显。"阿粒分享道，"AI 不仅帮助我生成文案，而且教会了我如何思考和构建能产生高转化率的内容。"

她会用 AI 分析具有高转化率的文案的结构特点，根据产品特性生成最优文案框架，设计个性化的表达风格和话术体系。为了提升专业度，她会利用 AI 补充产品成分、原理等专业知识，添加对比实验和数据支持，这大大增强内容的说服力和权威感。"我最满意的是 AI 帮助我在内容中融入目标用户痛点和场景描述，创建情感化叙事和代入感，在保持专业性的同时又不失亲和力。现在我的内容专业度和真实感都得到了粉丝的认可，转化率提高了近 3 倍，这感觉真的很好！"

随着基础打牢，阿粒进入了第三阶段——全链路优化与矩阵扩展。"我开始建立'测评号＋个人号＋垂直号'的账号矩阵，不同账号承担不同环节的转化任务，形成流量互导和转化闭环。"她还设计了从公域到私域的引流话术，建立社群运营和复购激励机制，提升客户的终身价值。

在数据分析与迭代方面，阿粒建立了"内容—点击—转化"的数据追踪系统，借助 AI 分析转化漏斗中的问题环节，不断优化内容策略和产品选择。

经过 3 个月的系统打造，阿粒的电商带货体系取得了显著的成果。

- 内容数据：平均收藏率达 15%，单篇最高带货转化超过 200 单。
- 变现情况：月收入稳定在 20000 ~ 50000 元。对新人来说，这样的成绩还不错。
  - 电商佣金：10000 ~ 25000 元（抖音橱窗＋电商联盟）。
  - 品牌合作：10000 ~ 15000 元（测评＋种草内容）。
  - 私域成交：2000 ~ 5000 元（知识付费＋个人微信）。

回顾这段从新手到成熟线上创业者的转变之路，阿粒感慨万分："电商带货最核心的成功要素是'信任＋专业＋效率'。AI 让我这个普通人也能快速掌握产品专业知识，生产高质量内容，在激烈的带货赛道中找到自己的位置。对于不想坐班，对成为'大 V'没信心，但又想做事的人来说，这真的是一条非常理想的路径。"

1.3.3 案例 3：借助 AI 实现百万"大 V"成就的华丽转型

我们的客户张土土 30 岁出头，以前长期在各大车展和品牌活动中担任模特。但随着年龄的增长，她越来越意识到自己无法在这条路上长久地走下去。

"模特这行吃的是青春饭，过了巅峰期，机会就越来越少。而且站几个小时真的很累，还要一直保持微笑。我就想，能不能用我的外貌优势做点别的，让收入更稳定一些？"这是 2022 年张土土咨询我时提的第一个问题。

所以，在 2022 年初，张土土决定尝试做美妆博主。她的起点看起来还不错：有一定的粉丝基础（主要是以前做模特时认识的朋友和粉丝）；颜值出众，在镜头前很自然；对化妆技巧也比较熟悉，毕竟做模特这些年，跟化妆师学了不少东西。

她先在抖音做美妆内容，凭借颜值优势和基本的化妆技巧，确实带来了较快的粉丝数量增长，不到一年时间吸引了 50 多万个粉丝（见图 1-15）。

图 1-15　张土土的第一个抖音账号

但是，好景不长，张土土很快就遇到了瓶颈。"刚开始涨粉挺快的，但后来就不行了。我发现美妆领域的竞争太激烈，那么多专业的化妆师、彩妆达人，他们的专业性比我强太多。"张土土叹了一口气，"更要命的是，我感觉自己对美妆的真正热情没有那么高，每天研究口红色号、粉底质地，说实话有点提不起劲。内容越做越勉强，粉丝也能感觉到。"

到 2022 年底，她的账号粉丝数量增长完全停滞，互动率直线下降，接到的商单也越来越少。张土土陷入了迷茫："我是不是不适合做自媒体？要不要放弃，回去做模特？可回去又能撑多久呢？"

就在一筹莫展时，她参加了我们团队举办的一个创作者训练营。我发现，她对汽车还挺有研究。毕竟她做了好几年的汽车模特，参加过很多品牌的新车发布会，对各种车型的性能、内饰、设计理念也都了然于心。

我问她："有没有想过做汽车领域的内容？"

她说自己没信心。因为在她看来，汽车领域是男性的天下，而且要做好汽车内容，就要懂专业术语，会分析发动机、变速箱、底盘等，文案写起来特别费脑子。她尽管知道一些汽车知识，但毕竟还是外行。

这时，我们向她介绍了 AI 辅助创作的可能性，以及 AI 如何帮助创作者突破知识和表达的瓶颈。她一开始半信半疑，但当我们用 AI 生成了一段关于最新车型的点评脚本，还融入了她作为模特的独特视角后，她惊呆了（见图 1-16）。

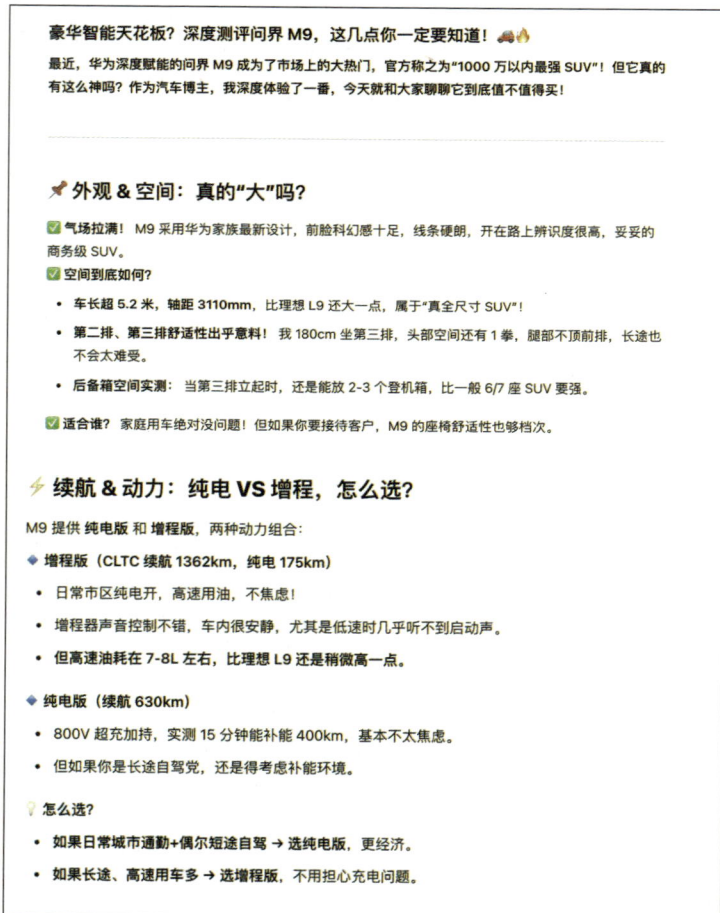

豪华智能天花板？深度测评问界 M9，这几点你一定要知道！🚗🔥

最近，华为深度赋能的问界 M9 成为了市场上的大热门，官方称之为"1000 万以内最强 SUV"！但它真的有这么神吗？作为汽车博主，我深度体验了一番，今天就和大家聊聊它到底值不值得买！

🛩 外观 & 空间：真的"大"吗？

☑ **气场拉满！** M9 采用华为家族最新设计，前脸科幻感十足，线条硬朗，开在路上辨识度很高，妥妥的商务级 SUV。

☑ **空间到底如何？**

- 车长超 5.2 米，轴距 3110mm，比理想 L9 还大一点，属于"真全尺寸 SUV"！
- 第二排、第三排舒适性出乎意料！ 我 180cm 坐第三排，头部空间还有 1 拳，腿部不顶前排，长途也不会太难受。
- 后备箱空间实测： 当第三排立起时，还是能放 2-3 个登机箱，比一般 6/7 座 SUV 要强。

☑ **适合谁？** 家庭用车绝对没问题！但如果你要接待客户，M9 的座椅舒适性也够档次。

⚡ 续航 & 动力：纯电 VS 增程，怎么选？

M9 提供 **纯电版** 和 **增程版**，两种动力组合：

◆ **增程版（CLTC 续航 1362km，纯电 175km）**

- 日常市区纯电开，高速用油，不焦虑！
- 增程器声音控制不错，车内很安静，尤其是低速时几乎听不到启动声。
- 但高速油耗在 7-8L 左右，比理想 L9 还是稍微高一点。

◆ **纯电版（续航 630km）**

- 800V 超充加持，实测 15 分钟能补能 400km，基本不太焦虑。
- 但如果你是长途自驾党，还是得考虑补能环境。

💡 **怎么选？**

- 如果日常城市通勤+偶尔短途自驾 → 选纯电版，更经济。
- 如果长途、高速用车多 → 选增程版，不用担心充电问题。

图 1-16　AI 生成的问界 M9 介绍脚本

"这种测评的专业术语用得恰到好处，既不会因为太多而让人听不懂，也不会因为太少而显得不专业。而且，还加入了女性视角对内饰舒适度、储物空间实用性的点评，这正是市面上大多数汽车测评缺少的部分！"张土土兴奋地说。

我们进一步帮助她分析市场，发现汽车领域确实存在一个巨大空缺：女性视角的专业汽车测评。大部分汽车自媒体都是男性视角，关注动力、操控、性能，而很少考虑女性车主更关心的舒适度、安全性、储物设计、油耗经济性等方面。

"这不就是专属于你的蓝海吗？"我对她说，"你既懂汽车，又有模特出身的形象优势，再加上 AI 辅助内容创作，完全可以打造'美女懂车'的差异化定位。"就这样，张土土决定重新起号，转战汽车领域，而 AI 成了她蜕变的得力助手。一年过去，2024 年底，她的粉丝数量已经达到了百万个（见图 1-17）。

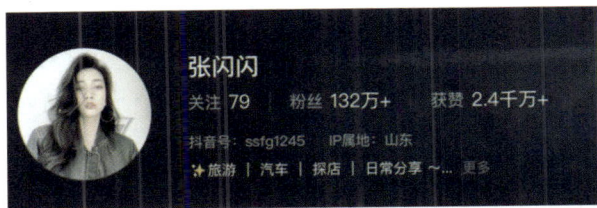

图 1-17　张土土用一年时间做出来的新号

张土土新账号的定位是"模特职业眼光看汽车"，主打女性视角的专业汽车测评和购买建议。刚开始时，她确实遇到了不少困难，尤其是内容创作方面。

她的创作流程变成了这样：每次拿到新车，她会先按自己的习惯体验和记录感受，然后把这些零散的感受输入 AI，让 AI 帮助组织成结构清晰的脚本，补充专业术语和技术分析，同时保留她独特的视角和语气。

AI 还会根据不同车型的特点，提示她可以关注的亮点和测试方向。拍摄豪华车时，AI 会提醒她多关注用料、做工和隔音；测试紧凑型家用车时，AI 会建议她多关注空间利用率和油耗；体验电动车时，AI 则建议她测试充电便捷性和续航表现。

有了 AI 提供的这些拍摄提示，张土土每次测评汽车都有明确的方向，不会漏掉重点。而且，在内容呈现方面，AI 也给了她很大的帮助。根据平台算法和用户喜好，AI 会建议最佳的内容结构和表达方式。例如，"先展示外观亮点，再展示驾驶感受，最后给出适合人群"的内容流，或者"对比法—悬念法—惊喜反转法"等不同的叙事结构，让她的内容既专业又有趣。

通过 AI 的赋能，张土土的内容既保持了个人特色，又具备了足够的专业深度。她的粉丝增长速度惊人，仅用 8 个月时间，数量就突破了 100 万个，也进入了外人眼中的"年入百万元"的行列。

1.3.4　成功背后是什么

我们有上千名学员，社群里更是有上万人，每个人的赛道和成功路径都不一样。但是，通过分析这 3 位普通人的成功路径，我们就能看到一些共同的关键因素。

第一，对领域的选择很重要。你需要找到与自己的背景、能力和资源相匹配的领域，选择差异化定位，避开红海市场。关注用户痛点的强度，而不仅是市场规模，优先选择变现路径明确的领域。不是所有热门的领域都适合你，匹配自己情况的那个才是最好的。

第二，AI 绝对是普通人的能力倍增器。无论是快速掌握专业知识、提升内容质量和生产效率，还是进行数据驱动的选品和趋势判断，或者实现全流程的系统化管理和优化，AI 都能帮助你事半功倍。正如阿粒所说："有了 AI，我这样一个新人也能做出专业水准的内容，这在以前简直不可想象。"

第三，系统化思维胜过单点突破。成功的创作者都善于构建多层次、多角度的内容矩阵，设计从低价到高价的完整产品线，建立从获客到转化的闭环路径，并基于数据不断优化和调整策略。不要只做单个爆款内容，而要打造完整的知识和产品体系，这样才能实现持续稳定的收入。

第四，专业度仍然是核心竞争力。在垂直领域深耕，提供真正解决问题的内容和服务，构建结构化的知识体系并持续更新知识和技能，这些都是赢得用户信任的关键。在信息过载的时代，真正的专业内容和见解比以往任何时候都更有价值。

我最喜欢的一句话：技术的进步不是要让非凡的人变得更

非凡，而是让平凡的人有机会做非凡的事。"AI+ 小红书"的组合正是给了普通人这样的机会。

小红书仍然是一个充满机遇的平台，它的社区文化、内容调性和变现机制都为普通人提供了比其他平台更多的可能性。而 AI 技术的出现进一步降低了专业门槛，让普通人也能生产高质量的内容。

最让我震惊的是，我们团队分析了 5000 个小红书账号的数据后发现，使用 AI 辅助创作的账号的粉丝数量平均只需要 3.2 个月就能达到 1 万个，而传统创作者平均需要 8.7 个月。变现能力的差距更大，前者平均每千粉丝的月收入是后者的 2.4 倍。

第 2 章

AI 赋能内容创作

2.1 创作者必备的 AI 工具箱

在介绍具体工具前，我们需要先建立正确的观念。

很多人容易陷入两个极端：要么排斥 AI 工具，认为它们会让创作变得不真实；要么过度依赖 AI 工具，希望它们能一键生成爆款内容。真相介于两者之间：AI 工具是强大的助手，但最终还是由人掌控创作方向。

AI 工具就像放大镜和显微镜，它们能放大你的创造力，让你看到更多可能性，但不会替代你的创意和洞察。明确这一点后，你才能正确地使用这些工具。

2.1.1 小红书创作的 4 大核心环节

要构建一套合理的 AI 工具箱，首先需要理解小红书内容创作的 4 大核心环节：选题规划、内容创作、视觉设计和数据分析。针对不同环节，我们需要不同类型的 AI 工具。

下面我们将按照创作流程，为你介绍 11 款最值得学习的 AI 创作工具。每款工具都配有功能介绍、适用场景和具体使用建议，能帮助你快速找到适合自己的得力助手。

（1）选题规划阶段的 AI 助手

豆包

特点：可以直接链接抖音的数据库，进行热点分析。

对新手的友好度：★★★★★

这款工具（见图 2-1）被许多博主称为"选题神器"，它能实时监测平台的热点话题、热搜词和爆款内容趋势，帮助你抓住热点的同时避于红海竞争。豆包的调教数据很多来自字节跳动，根源来自抖音上用户的反馈。在自媒体方面，豆包能够保持实时反馈。

图 2-1　豆包

例如，在今年 3 月，我们要求豆包预测母婴类别的爆款选题，豆包结合当下的季节及字节跳动的大数据反馈给出了回答（见图 2-2）。

结合抖音平台近期数据及母婴行业动态，接下来一个月内，这些母婴好物选题极易在抖音上火爆。宝妈宝爸们快码住，创作灵感这不就来了！

春日出行必备母婴好物大盘点

随着天气转暖，家长带娃外出频率增加。像轻便型婴儿车，要突出它一键收车、可登机的特点；便携式儿童餐椅，强调方便携带、能在户外稳定使用；儿童防晒帽，从防晒指数、透气材质、可爱造型等方面测评推荐，满足春日出行刚需，视频播放量和互动量有望高涨。

换季敏感肌宝宝护理好物攻略

春季是宝宝皮肤敏感高发期。针对这一痛点，分享宝宝专用的温和洁面乳、保湿面霜、修复精华等好物。详细介绍产品成分，比如含有神经酰胺、植物甾醇等舒缓成分，能有效缓解宝宝皮肤干燥、泛红、瘙痒等问题，为新手爸妈提供切实可行的护理方案，吸引大量关注。

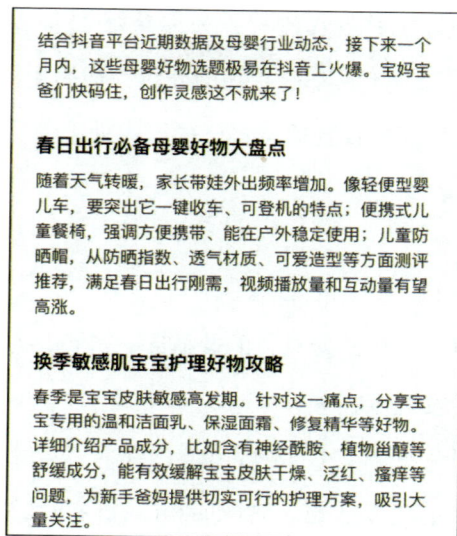

图 2-2　豆包的回答

最实用的功能包括以下 3 个方面。

» **热点预测**：能预测未来 3 ~ 7 天可能有热度的话题。

» **竞争度分析**：评估某选题的竞争激烈程度。

» **热点日历**：展示各个领域的周期性热点（如节假日、纪念日等）。

豆包可以帮助你省去大量从小红书找灵感的时间。例如，它在夏天会告诉你话题"夏日防晒"即将有热度，但"身体防晒"比"面部防晒"的竞争少 50%，你就能有针对性地规划内容。初学者可以从每周热点报告开始，要求豆包选择从中等竞争度的话题入手，避开竞争过于激烈的领域。

有伴 AI

特点：基于大模型的创意发散工具。

对新手的友好度：★ ★ ★ ★ ☆

跟直接给结果的豆包相比，有伴 AI 更侧重于帮助你进行头脑风暴，生成多角度的内容创意。它的魅力在于能围绕一个基础想法，快速展开多种可能性。

不同于"全能"的豆包，有伴 AI 是专门针对小红书的，它可以自动采集和分析小红书上的热门笔记，帮助你生成适配小红书的新内容（见图 2-3）。这个网站是完全基于小红书做的优化，你只要给它方向，它就帮助你自动采集爆款文案，还能带进人设和内容标签。

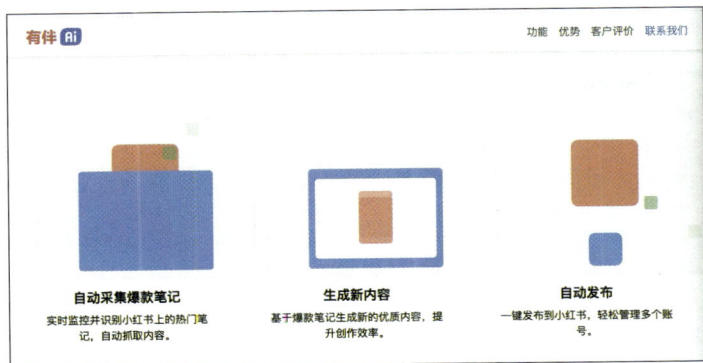

图 2-3　有伴 AI 的界面

快写红薯通 AI

特点：复制笔记链接，一秒提取小红书笔记方案，直接改写爆款笔记文案。

对新手的友好度：★★★☆☆

这是一款帮助你删繁就简的工具，它能帮助你从众多选题中筛选出最有价值、最适合你个人特点的内容方向（见图2-4）。

图 2-4　小红书官方的 AI 工具：快写红薯通 AI

我个人最推荐的是"一键转写"功能，只要你输入视频笔记链接，它就会直接帮助你把这篇笔记的文案提取出来，并且用类似的结构帮助你生成一篇新文案。但新手很容易产生依赖性，所以一定要注意改写。新手阶段可以重点关注个人匹配度，选择能持续输出的领域，而非一时热点；随着经验积累，再逐渐将重心转向潜力评分和变现路径。

（2）内容创作阶段的 AI 助手

多种草 AI

特点：小红书专属文案生成与优化工具。

对新手的友好度：★★★★★

这款工具也是专为小红书平台定制的（见图 2-5），它最大的特点是能根据小红书的特点，将普通文案调整得更符合小红书的调性风格。例如，带有更多情感共鸣和个性化表达的文案。

多种草 AI

首页　小红书文案　小红书短视频创意　小红书敏感词检测工具

小红书文案

小红书敏感词检测工具🔥
一键识别内容中的敏感词，快来测测~

小红书文案🔥
小红书文案，一键帮你创作

小红书账号定位分析🔥
不知道做什么账号？一键帮你定位

文案配图神器🔥
输入文案，提取关键词生成3张可选配图

小红书文案加表情🔥
一键给文字+emoji表情，让文案更吸引人~

内容选题灵感🔥
发愁选题？根据账号定位生成选题

图 2-5　多种草 AI 界面

多种草 AI 包含小红书敏感词检测工具，很适合新手参考。尤其是在各种怀疑小红书限流的时候，它检查文案有没有敏感词。同时，它可以提供各类内容的结构模板，如测评、攻略、分享等。尽管生成的内容有点"AI 味"，但它生成的文案开头还是具有一定代表性的，可以在很大程度上解决"开头难"的问题。

推荐使用方法：理清思路以后，在每个框架点位填入你的真实观点和经历，最后用文案润色功能调整语气和表达，使内容更符合小红书风格。

DeepSeek

特点：综合 AI 模型，比较全面，尤其擅长文案方面。

对新手的友好度：★★★☆☆

这是一款让普通人也能写出专家级内容的工具。相比国内其他 AI 工具，它对文字的处理更智能，我个人觉得是远超过豆包的。DeepSeek 对中文也有很好的理解，能给你更深入地提供各个领域的专业知识点、概念解释和最新研究（见图 2-6）。

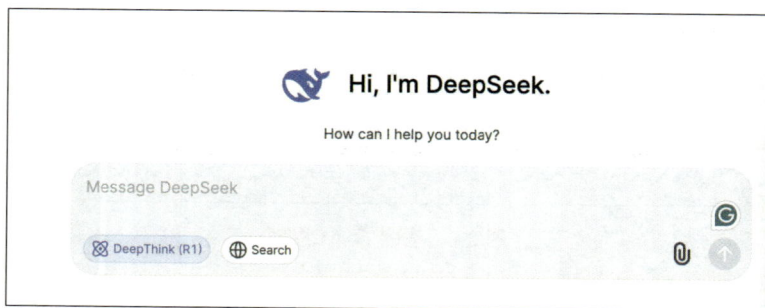

图 2-6　DeepSeek 界面

例如，你在写护肤品测评时，可以用 DeepSeek 提供更多关于成分功效的科学解释，这样能够让你的测评既有个人体验又有专业依据。

然而，正是因为 DeepSeek 更智能，所以它很需要提示词（Prompt）。如果你只是提供泛泛的提示词，那么你只能得到很宽泛的内容。另外，不要过度使用专业术语，关键是将专业知识转化为对读者有价值的信息，并保持内容的平衡——"70%的个人经验 +30% 的专业知识"是黄金比例。

最实用的功能包括以下 3 个方面。

> 知识点补充：根据你的主题自动补充相关专业知识。

> 术语解释：将专业术语转化为通俗易懂的解释。

> 研究数据库：提供各领域的研究数据和统计信息。

小红书文案助手

特点：增强对小红书内容的适配性、内容的情感连接和共鸣能力。

对新手的友好度：★ ★ ★ ★ ☆

这款工具专注于提升内容的情感温度和共鸣能力，帮助你的文字触动读者的情感神经，建立更深层次的连接（见图 2-7）。

图 2-7　小红书文案助手界面

在这个工具中，你只要把一篇文案的要点列出来，它就能帮助你生成全篇文案框架。在能够创作小红书文案的 AI 工具里，我个人觉得这个工具生成的语气是最适配小红书的，剩下的就是往里面填故事和共鸣点（这是关键）。毕竟即使是"干货"，大家更愿意看的也是分享，而不是说教。

例如，你做一篇育儿类笔记，这个工具会帮助你列出框架，但是你依然要在技巧之后加入"这个方法让我第一次感受到做妈妈的成就感"这样的情感表达。AI 只是起辅助作用，扮演一位能力超强的助理，但你千万不要被助理控制。你也可以将自己的真实情感和经历输入这个工具，让它帮助你找到最能引起共鸣的表达方式。切忌过度煽情或使用夸张的情感词，真实才是最重要的。

Kimi

特点：全能型 AI，不像很多 AI 的数据只到 2023 年，Kimi 支持联网查询，且非常擅长处理长文本。

对新手的友好度：★★★★☆

Kimi 专门推出了"小红书爆款生成器"这样针对特定平台的功能，可以在一定程度上按照小红书的特点生成带有情绪符号（Emoji）、分段等元素的内容。这对很多把握不住"网感"的新手来说，在起步阶段真的很有用（见图 2-8）。

图 2-8　Kimi 官网

（3）视觉设计阶段的 AI 助手

即梦 + 可灵

特点：文生图 + 图生视频，适用于制作不需要自己出镜的视频片段。

对新手的友好度：★★★★☆

这两款工具可以根据你的文字描述生成高质量图像，你可以根据自己的风格偏好调整图像风格。你也可以用它生成的虚拟形象，做很多不需要自己出镜的口播（即梦生成图片后输出给可灵，由可灵生成对口型视频）。

或者在做中长视频时，除了自己拍摄的内容，你需要植入一些空镜视频，让视频内容更丰富，没那么枯燥，也可以用即梦生成符合文案的图片，再用可灵把图片动起来，插到视频中间（见图 2-9、图 2-10）。

图 2-9　即梦的图片生成界面（输入提示词，生成图片）

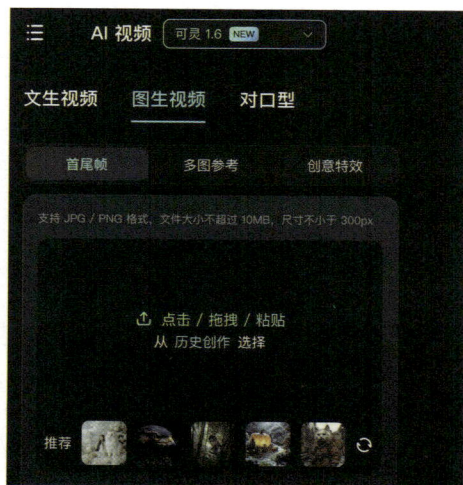

图 2-10　可灵的图生视频界面

现在 AI 的文生图和图生视频可以解决很大一部分无图可配的问题。例如，我们的视频里，有一次提到"20 年前的老上海茶馆"，没有照片，就用它生成了几张复古风格的茶馆场景图。这些图片不是真人出镜的，但可以丰富视频内容。

　　无论是文生图，还是图生视频，最重要的是学习编写详细的图像描述（提示词），包括场景、光线、风格等元素。但是，AI 可以辅助很多，却不是都可以拿来直接用的。你把生成的图像与真实照片混合使用，这样更能保持内容的真实感。

ChatTTS

特点：输入文本，生成音频。

对新手的友好度：★★★★★

　　可以说，ChatTTS 是我接触过的、最好用的自动音频生成工具（见图 2-11）。在官方网站直接输入文本，就可以生成对应的语音文件，而且生成效果非常自然。现在很多智能客服系统就是接入 ChatTTS 的语音系统，生成自然的语音回答，提升咨询体验。

图 2-11　ChatTTS 官网

　　如果你想要批量产出一些视频，但不想自己配音，就可以直接用 AI 生成的音频。而且，ChatTTS 可以生成多种语言，对中文的适配度也很好，对于一些有内容出海需求的用户非常有用。

（4）数据分析阶段的 AI 助手

巨量算数

特点：深度分析内容表现和用户反馈。

对新手的友好度：★ ★ ★ ☆ ☆

巨量算数是目前体量较大的内容数据库（见图 2-12）。打开算数指数，输入你想要做的选题关键词，就能看到热度走势。打开关联分析，能看到跟关键词相关的延伸话题和有热度的关键词，帮助你找到热门且有潜力的小红书选题。例如，输入"健身"，能看到"健身穿搭""健身饮食"相关的热门选题。而且，这个工具也能帮助你对比不同内容的关键指标表现。

图 2-12　巨量算数界面

对新手的使用建议包括以下 3 点。

» 先从基础指标分析开始，了解哪类内容表现更好。

» 积累一些数据以后，再研究细节因素。

» 每发布 10 篇内容后做一次系统分析，及时调整创作方向。

2.1.2　AI 工具使用的注意事项

无论你选择哪种工具组合，都需要记住以下几点。

■ 工具的作用是辅助，而非替代：AI 工具不能替代你的创意和经验，最好的内容仍然需要你的个人洞察和真实体验。

■ 保持一致性：不要频繁更换工具和风格，建立一套稳定的工作流程更重要。

■ 重视工具学习：每款工具都值得花时间深入学习，掌握它的高级功能可以大幅提升效率。

■ 尊重原创和隐私：使用 AI 工具，注意不要侵犯他人的知识产权，也不要输入敏感的个人信息。我们输入的所有信息，也都会到 AI 的数据库中训练。

在你刚开始做账号时，一两款核心工具就够用了。当你做得越来越好时，就可以逐步添加新工具。

另外，提示词的质量决定了 AI 输出的上限。无论你使用的是哪款 AI 工具，高质量的提示词都是解锁 AI 真正价值的关键。我的公众号"然冉创业说"提供了 90 个高质量可复制粘贴的提示词模板（具体使用时需要添加细节）。此外，2.2 节也会让你好好了解到底怎样写出优质的 AI 提示词。相对复制粘贴，更重要的是理解这些提示词背后的逻辑和方法，这样你才能根据自己的具体需求创建和调整提示词，真正掌握 AI 创作的主动权。

2.2 AI 提示词宝库：如何写出优质的提示词

如果你只会简单地要求"帮我写篇老北京炸酱面测评"，那么你可能得到以下内容（见图 2-13）。

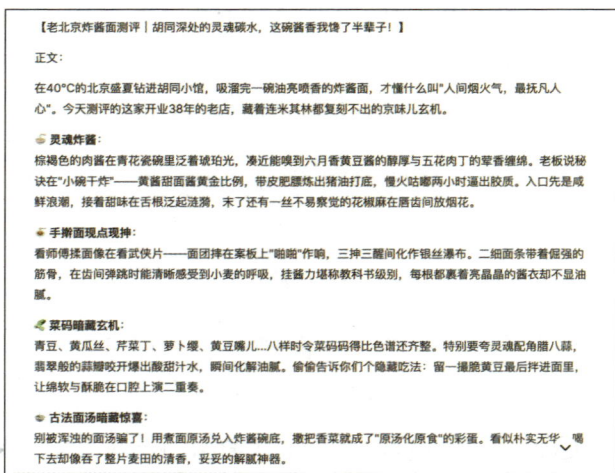

图 2-13 DeepSeek 直接给出的"老北京炸酱面测评"

我用两个字评价：做作。

但是，如果你掌握了提示词的核心逻辑，运用同样的工具却能产出让读者赞不绝口的专业内容。这就像学会了如何与一位天才助手高效沟通的秘诀。

要编写优质提示词，首先需要理解 AI 是如何"思考"的。现在，请你想象自己在跟一位聪明但需要明确指示的助手交流。

- 它知识渊博，但缺乏上下文。AI 拥有大量知识，但不知道你的具体情况和需求。

- 它需要明确的目标和边界。没有明确的指示，AI 会自行做出假设。

- 它不会主动提问。不像人类助手会询问不清楚的部分，AI 会基于现有信息尽量完成任务。

- 它对指令非常敏感。细微的措辞变化可能导致截然不同的结果。

AI 不是简单的问答机器，而是"意图解读器"——你表达得越清晰、具体，它就理解得越准确。成功的提示词本质上是成功的沟通，它需要你明确地传达"做什么"和"怎么做"。

2.2.1　优质提示词的 5 层结构

通过分析成千上万的高效提示词，我们总结出了优质提示词的 5 层结构。就像建造一座稳固的塔，每一层都有其独特的功能。

（1）明确目标与身份

这一层回答两个基本问题："你是谁"和"你要什么"。

作为专业食品测评师，请为新上市的零食产品创作一篇专业测评。

在这个结构中，"作为专业食品测评师"定义了 AI 应采用的专业角色和视角，"新上市的零食产品"明确了内容主题，"创作一篇专业测评"明确了具体任务和输出格式。

这一层相当于为 AI 提供了行动的基本坐标。在实际测试中，仅添加专业角色这一个元素，就能使输出内容的专业度得到很大的提升。

（2）提供上下文与背景

这一层为 AI 提供必要的背景信息，帮助它理解任务的具体环境。

目标读者是 25 ～ 35 岁的年轻白领，他们关注健康，但时间有限。

我的产品特点是低糖、高蛋白、即食，价格定位为中高端。

这一层添加的上下文信息极大地增强了 AI 理解需求的能力。我们的测试表明，添加明确的受众信息能使内容的针对性得到很大的提升。

（3）指定输出结构和格式

这一层明确告诉 AI，你期望输出的内容应该是什么样的。测评应包含以下部分：

- 吸引人的标题（15 ~ 20 字）；
- 产品的基本信息（50 字以内）；
- 5 个测评维度（每个维度 100 字左右）；
- 推荐总结（包含适合人群和不适合人群）。

通过明确的结构指示，AI 能够更好地组织内容。我们发现，提供明确的结构指示能使内容的组织性及读者的信息获取效率得到很大的提升。

（4）设定语气和风格

这一层定义了内容的表达方式和情感基调。

- 语气应该专业但亲切，避免使用过于专业的术语，使用简洁有力的短句。
- 风格上保持客观公正，但应带有个人见解，适当使用感官描述和具体细节，增强真实感。

语气和风格的指示能显著影响用户对内容的感受。我们的测试表明，明确的风格指导能使内容的个性化程度及读者的情感共鸣得到大幅提升。

（5）约束与优化指令

这一层提供额外的质量控制和优化方向，用户需要特别注意以下几点：

- 确保内容基于事实，而非主观臆断；
- 避免过度使用营销修饰词；
- 确保测评中的缺点客观、真实，而非敷衍；
- 最终内容应该既有专业深度，又通俗易懂。

约束与优化指令能有效防止 AI 输出中的常见问题。我们在使用 AI 的过程中总结发现，添加明确的质量约束能使内容的专业可信度得到大幅提升。

2.2.2 场景化提示词分类

为了满足不同的创作需求，我们需要采用不同类型的提示词策略。以下是根据主要场景分类的提示词最佳实践。

（1）内容创作类提示词

适用场景：撰写文章、测评、脚本等原创内容。

核心策略：提供明确的内容框架和风格指导。

最佳结构：

» 明确输出类型和主题；

» 定义目标受众和阅读场景；

» 提供详细的结构划分；

» 指定风格和语气；

» 添加差异化要求。

效果对比示例如下。

基础提示词：写一篇关于智能手表的测评（见图 2-14）。

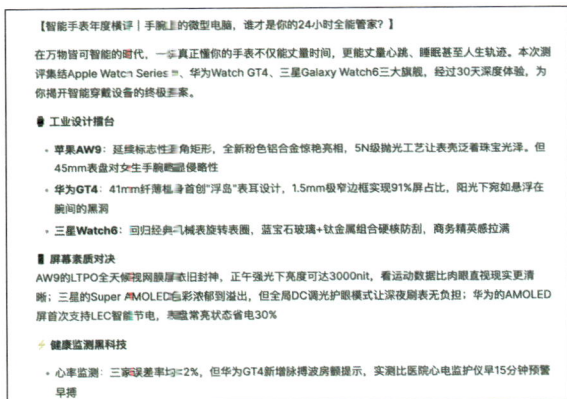

【智能手表年度横评｜手腕上的微型电脑，谁才是你的24小时全能管家？】

在万物皆可智能的时代，一块真正懂你的手表不仅能丈量时间，更能丈量心跳、睡眠甚至人生轨迹。本次测评集结Apple Watch Series 9、华为Watch GT4、三星Galaxy Watch6三大旗舰，经过30天深度体验，为你揭开智能穿戴设备的终极奥秘。

● 工业设计擂台
- 苹果AW9：延续标志性圆角矩形，全新粉色铝合金惊艳亮相，5N级抛光工艺让表壳泛着珠宝光泽。但45mm表盘对女生手腕略显侵略性
- 华为GT4：41mm纤薄机身首创"浮岛"表耳设计，1.5mm级窄边框实现91%屏占比，阳光下宛如悬浮在腕间的黑洞
- 三星Watch6：回归经典机械表旋转表圈，蓝宝石玻璃+钛金属组合硬核防刮，商务精英感拉满

● 屏幕素质对决
AW9的LTPO全天候视网膜屏依旧封神，正午强光下亮度可达3000nit，看运动数据比肉眼直观现实更清晰；三星的Super AMOLED色彩浓郁到溢出，但全局DC调光护眼模式让深夜刷表无负担；华为的AMOLED屏首次支持LEC智能节电，表盘常亮状态省电30%

✦ 健康监测黑科技
- 心率监测：三家误差率均≤2%，但华为GT4新增脉搏波房颤提示，实测比医院心电监护仪早15分钟预警早搏

图 2-14　直接输入提示词"智能手表"后输出的结果

优化提示词如下。

作为科技产品测评专家，请撰写一篇关于最新款智能手表 Apple Watch 9 的专业测评文案，平台为小红书，口播视频形式。

目标读者是 30 ~ 45 岁的商务人士，他们关注健康监测和工作效率提升功能。

测评应包含以下部分：

- 引人入胜的开场（介绍产品背景和测评目的）；
- 外观设计评价（材质、舒适度、屏幕表现）；
- 核心功能测试（健康监测、通知管理、运动追踪）；
- 电池续航表现（不同使用场景下的实测结果）；
- 性价比分析（与同价位竞品对比）；

- 明确的适用人群推荐和购买建议。

语气应专业但平易近人，使用第一人称叙述，穿插个人使用体验。避免过度使用技术术语，但应包含必要的参数数据以支持观点。

特别注意：

- 确保评价有理有据，避免无实际依据的夸张表述；
- 客观指出产品的不足之处，不回避缺点；
- 在结论部分提供清晰的使用场景建议，而不是简单的"推荐 / 不推荐"。

更新提示词后，输出文案的核心直接在卖点"私人全科医生"及目标人群"商务人士"上（见图 2-15）。

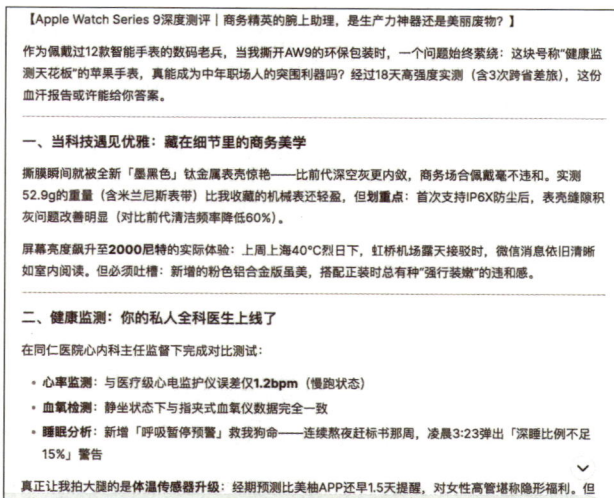

【Apple Watch Series 9深度测评｜商务精英的腕上助理，是生产力神器还是美丽废物？】

作为佩戴过12款智能手表的数码老兵，当我撕开AW9的环保包装时，一个问题始终萦绕：这块号称"健康监测天花板"的苹果手表，真能成为中年职场人的突围利器吗？经过18天高强度实测（含3次跨省差旅），这份血汗报告或许能给你答案。

——————————————————————————

一、当科技遇见优雅：藏在细节里的商务美学

撕膜瞬间就被全新「墨黑色」钛金属表壳惊艳——比前代深空灰更内敛，商务场合佩戴毫不违和。实测52.9g的重量（含米兰尼斯表带）比我收藏的机械表还轻盈，但划重点：首次支持IP6X防尘后，表壳缝隙积灰问题改善明显（对比前代清洁频率低60%）。

屏幕亮度飙升到2000尼特的实际体验：上周上海40℃烈日下，虹桥机场露天接驳时，微信消息依旧清晰如室内阅读。但必须吐槽：新增的粉色铝合金版虽美，搭配正装时总有种「强行装嫩」的违和感。

——————————————————————————

二、健康监测：你的私人全科医生上线了

在同仁医院心内科主任监督下完成对比测试：

- 心率监测：与医疗级心电监护仪误差仅1.2bpm（慢跑状态）
- 血氧检测：静坐状态下与指夹式血氧仪数据完全一致
- 睡眠分析：新增「呼吸暂停预警」救我狗命——连续熬夜赶标书那周，凌晨3:23弹出「深睡比例不足15%」警告

真正让我拍大腿的是体温传感器升级：经期预测比美柚APP还早1.5天提醒，对女性高管塔称隐形福利。但

图 2-15　更新提示词后输出的结果

优化提示词后，AI 生成的内容在专业度、针对性和实用性方面有显著提升，读者转化率和评论互动量都得到大幅提升。

（2）数据分析类提示词

适用场景：解读数据、发现趋势、提供数据支持的决策建议。

核心策略：明确分析目标和决策需求。

最佳结构：

» 定义分析对象和数据范围；

» 明确希望解答的关键问题；

» 指定分析维度和方法；

» 要求可操作的洞察，而不是纯数据描述；

» 设定结论的可信度要求。

效果对比示例如下。

基础提示词：分析我上个月的小红书内容表现（上传上个月的小红书后台数据截图）。

优化提示词如下。

请作为内容数据分析师，对我过去 30 天的小红书内容表现进行深入分析（上传小红书后台数据截图）。以下为之前数据的部分说明。

数据概况：

● 10 篇不同类型的内容（测评、教程、分享类）；

● 平均浏览量为 3500，互动率为 2.7%；

● 最高浏览量为 12000，最低浏览量为 800。

请从以下维度进行分析：

- 不同内容类型的表现对比（浏览量、互动率、转化率）；
- 高表现内容的共同特征（发布时间、标题特点、内容结构）；
- 用户互动热点（评论焦点、提问类型）；
- 潜在的内容优化机会。

我特别想了解以下方面：

- 什么类型的标题产生了最高的点击率；
- 内容长度与停留时间是否存在相关性；
- 哪些话题激发了最多的用户互动。

请提供：

- 基于数据的 3～5 个明确可行的优化建议；
- 下一阶段内容策略的调整方向；
- 至少 2 个可立即实施的 A/B 测试方案；
- 分析中请区分相关性和因果关系，对数据不足支持的推测予以明确标注。

在我们的实验过程中，优化提示词后产出的分析报告在洞察深度和可操作性方面提升显著，内容策略调整后的平均互动率和爆款产出概率都得到很大的提高。

（3）视觉创意类提示词

适用场景：设计封面、排版、图像创意、视觉概念。

核心策略：提供明确的视觉元素和美学指导。

最佳结构：

» 定义视觉创意的目标和用途；

» 明确主题和核心表达；

» 指定风格、色彩和构图偏好；

» 提供参考或灵感来源；

» 设定技术约束和实现方式。

效果对比示例如下。

基础提示词：设计一个美食类小红书封面。

优化提示词如下。

请设计一个"家常川菜红烧牛肉"食谱的小红书封面图创意方案。

目标受众：25 ～ 35 岁城市年轻人，烹饪初学者，追求简单但有仪式感的居家美食体验。

视觉风格：

● 清新自然的日系美食风格；

● 主色调为温暖的红棕色系及柔和的奶油白；

● 有意营造"高级感但平易近人"的视觉效果；

● 干净简约的构图，避免视觉杂乱。

关键元素：

● 主体：成品红烧牛肉特写（显示肉质鲜嫩多汁和浓郁的酱汁）；

● 配角：1 ～ 2 个简约的烹饪道具（如木质餐具、白瓷盘）；

● 点缀：少量绿色蔬菜或香料增添色彩层次；

- 排版：给出"20分钟学会川式红烧牛肉"的标题位置。

参考灵感：日本料理摄影师 Namiko Chen 的作品风格，但更加现代简约。

技术要点：

- 适合手机竖屏浏览（比例为 9:16）；

- 确保在小缩略图中主体清晰可辨；

- 为标题预留足够空间（约占画面的 1/4）；

- 考虑浅景深效果，突出主体。

请提供 2 ~ 3 个不同构图的创意概念，并说明各自的优势和适用场景。

完善关键词后生成的结果，如图 2-16 所示。

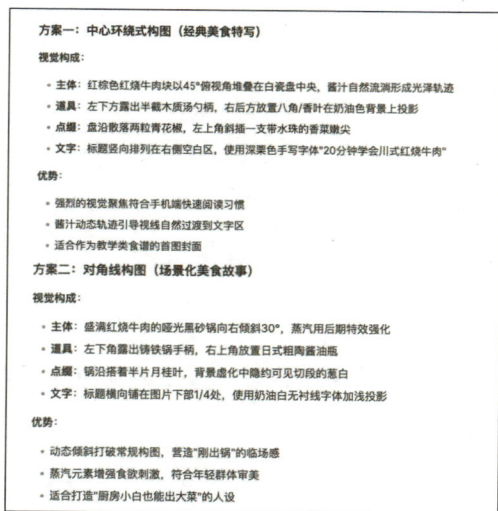

方案一：中心环绕式构图（经典美食特写）

视觉构成：

- **主体：** 红棕色红烧牛肉块以45°俯视角堆叠在白瓷盘中央，酱汁自然流淌形成光泽轨迹
- **道具：** 左下方露出半截木质汤勺柄，右后方放置八角/香叶在奶油色背景上投影
- **点缀：** 盘沿散落两粒青花椒，左上角斜插一支带水珠的香菜嫩尖
- **文字：** 标题竖向排列在右侧空白区，使用深栗色手写字体"20分钟学会川式红烧牛肉"

优势：

- 强烈的视觉聚焦符合手机端快速阅读习惯
- 酱汁动态轨迹引导视线自然过渡到文字区
- 适合作为教学类食谱的首图封面

方案二：对角线构图（场景化美食故事）

视觉构成：

- **主体：** 盛满红烧牛肉的哑光黑砂锅向右倾斜30°，蒸汽用后期特效强化
- **道具：** 左下角露出铸铁锅手柄，右上角放置日式粗陶酱油瓶
- **点缀：** 锅沿搭着半片月桂叶，背景虚化中隐约可见切段的葱白
- **文字：** 标题横向铺在图片下部1/4处，使用奶油白无衬线字体加浅投影

优势：

- 动态倾斜打破常规构图，营造"刚出锅"的临场感
- 蒸汽元素增强食欲刺激，符合年轻群体审美
- 适合打造"厨房小白也能出大菜"的人设

图 2-16　完善关键词后生成的结果

优化提示词后产品的视觉创意在吸引力和品牌一致性方面有了很大提升，封面点击率提高约 65%，图文内容的整体美感评分提升约 70%。

2.2.3　实战技巧：超越公式的个性化提示词

掌握提示词的基本结构后，我们还需要掌握一些进阶技巧，打造更符合个人需求的提示词。

（1）迭代式提示词策略

我们不要期望一次就得到完美结果，而是通过多轮对话逐步完善。

第一轮，请基于初始想法提供 3 个可能的内容方向。

第二轮，我选择方向 2，请展开详细大纲。

第三轮，大纲很好，但请强化特定部分的深度。

实践证明，迭代式提示比试图一步到位的"完美提示词"的效率高出很多，最终内容质量也更高。

（2）对比型提示词技巧

通过明确说明"要什么"和"不要什么"，精准引导 AI。

我需要：专业但友好的语气。

避免：过度正式或学术化的表达。

希望包含：具体数据和研究支持。

不要包含：未经验证的笼统说法。

我们的测试表明，对比型指令能使 AI 输出的精准度得到大幅提升，特别适用于风格和语气的微调。

（3）示例驱动提示词方法

通过提供具体例子，而不是抽象描述，引导 AI 理解需求。

我希望的风格类似这个例子：

"[优质示例内容片段]"

而不是这样的风格：

"[反面示例内容片段]"

这种方法比抽象描述会大大提高 AI 理解的准确度，特别适用于风格难以用语言精确描述的情况。

（4）角色扮演提示词增强

让 AI 扮演特定的专业角色，获得更专业化的输出。

请以著名美食评论家的视角和专业角度，使用该角色的典型表达方式和评价标准分析这道菜品……

角色扮演提示词在专业领域内容创作中能使专业度提升一半以上，并带来更一致的风格表达。

（5）工作流程提示词模式

指导 AI 按照特定工作流程思考问题，提升结果的系统性。

请按照以下步骤分析这个问题：

首先，识别核心问题和潜在原因；

然后，评估不同解决方案的优缺点；

接着，提供最佳推荐方案的具体实施步骤；

最后，预测可能的实施障碍和应对策略。

这种方法能使复杂问题的分析质量和结论的可操作性都得到显著提升。

2.2.4　自定义提示词的高级改写技巧

那么，掌握了基本结构后，你如何根据自己的需求改写和优化提示词呢？下面提供几个我们经常用的小技巧。

（1）"解构 – 重构" 技巧

将他人的优秀提示词拆解成组成要素，然后根据自己的需求重新组合。

■ 解构阶段：识别提示词中的目标定义、角色设定、结构指导、风格要求和约束条件。

■ 替换阶段：保持框架，替换具体内容为你自己的需求。

■ 增强阶段：添加更多个性化元素，强化适合你所在领域的专业要求。

我们经常拆解其他领域的优秀提示词，保留其结构逻辑，替换为自己的美妆领域内容。例如，把美食测评的维度改为化妆品的测评维度，这比从零开始高效得多。

（2）渐进式定制方法

从基础提示词开始，逐步添加个性化元素。

- 基础版：使用简单、清晰的核心指令。
- 增强版：添加受众和场景信息。
- 专业版：加入结构和质量要求。
- 个性版：融入个人的独特风格和表达偏好。
- 完美版：添加差异化和竞争优势要素。

你可以依据不同复杂度的内容，准备不同层级的提示词模板，简单的分享用基础版，重要的合作推广用完美版，既高效又能保证关键内容的质量。

（3）特定领域强化策略

为你的专业领域定制提示词增强元素。

- 美妆领域：添加肤质考量、成分分析维度、使用场景细分。
- 美食领域：强化感官描述、食材特性、适合人群划分。
- 财经领域：增加数据支持要求、风险评估维度、时效性考量。
- 教育培训领域：添加学习路径设计、知识点链接、理解检验环节。

通用提示词模板就像基础调料，而领域强化元素是决定菜品风味的关键香料，你可以为每个领域准备一套特定的"增强包"，即插即用。

2.2.5　AI 最喜欢怎样的"甲方"

我们使用 AI，本质上是我们作为"甲方"找了一个很聪明的助手做事。我们想要 AI 产出高质量、符合自身需求的内容，就需要站在 AI 的角度思考什么样的提示词最容易产出高质量内容。我们通过大量测试发现，AI 最擅长响应以下类型的"甲方"。

（1）"明确但不过度约束"的甲方

喜欢的原因： 清晰的目标帮助 AI 聚焦，但保留创意空间，能发挥其优势。

应用方法：

» 明确说明"做什么"和"为谁做"；

» 提供大致框架和关键要求；

» 避免过度具体的微观指导；

» 保留一定的创意和表达自由度。

优质平衡的提示词示例如下。

（提示词的一部分，其余部分可根据需求进行加减）

请创作一篇关于入门瑜伽的指南，目标读者是 25 ～ 35 岁的办公室白领。

内容应包括基础姿势介绍、健康益处、开始建议。

标题应该针对用户的痛点。

风格应轻松友好，但要专业可信，字数约 1500 字。

DeepSeek 生成的结果，如图 2-17 所示。

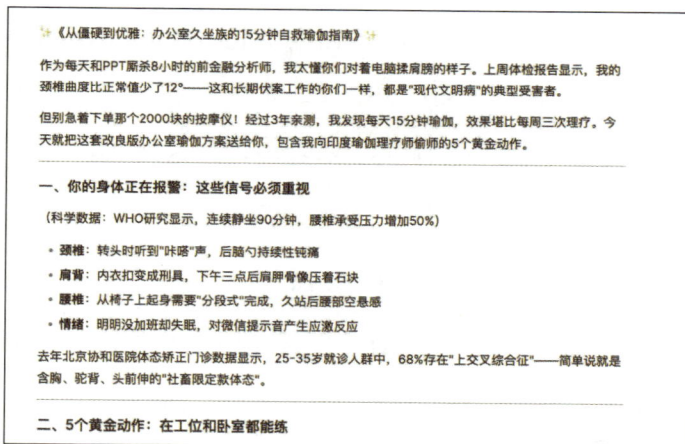

图 2-17　DeepSeek 生成的结果

（2）"提供背景上下文"的甲方

喜欢的原因：上下文信息让 AI 能更准确把握需求和适当的表达方式。

应用方法：

» 简述目标受众的特点和需求；

» 说明内容的使用场景和目的；

　　» 提供必要的行业或专业背景；

　　» 分享你独特的立场或观点。

背景丰富的提示词示例如下。

　　我是一名针对初学者的烘焙教程创作者，我的受众多为没有烘焙经验但对手工食物有兴趣的 25 ～ 40 岁城市女性。我的风格是将专业技术简化为直观步骤，强调"无需专业工具也能做出专业品质"的理念。请基于这个背景，为我创作一篇简易提拉米苏的烘赔教程……

　　优化关键词后 DeepSeek 生成的结果，如图 2-18 所示。

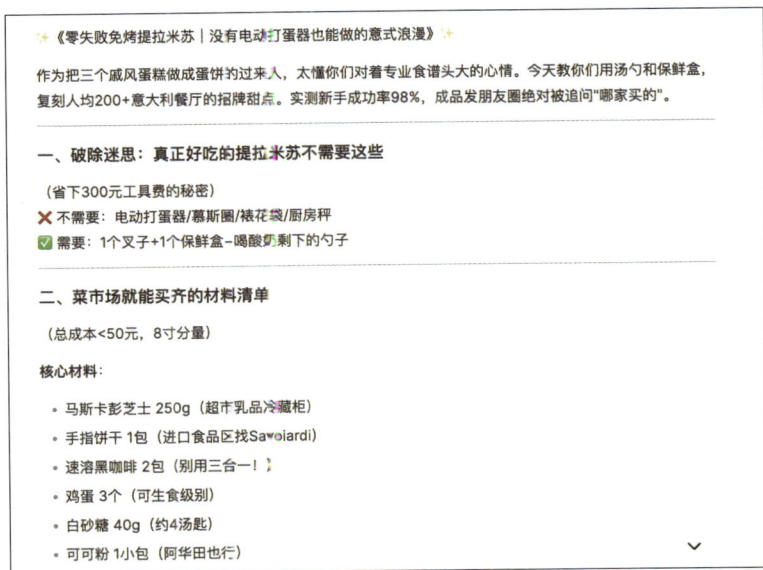

✨《零失败免烤提拉米苏｜没有电动打蛋器也能做的意式浪漫》✨

作为把三个戚风蛋糕做成蛋饼的过来人，太懂你们对着专业食谱头大的心情。今天教你们用汤勺和保鲜盒，复刻人均200+意大利餐厅的招牌甜点。实测新手成功率98%，成品发朋友圈绝对被追问"哪家买的"。

一、破除迷思：真正好吃的提拉米苏不需要这些

（省下300元工具费的秘密）
❌ 不需要：电动打蛋器/慕斯圈/裱花袋/厨房秤
✅ 需要：1个叉子+1个保鲜盒–喝酸奶剩下的勺子

二、菜市场就能买齐的材料清单

（总成本<50元，8寸分量）

核心材料：

- 马斯卡彭芝士 250g（超市乳品冷藏柜）
- 手指饼干 1包（进口食品区找Savoiardi）
- 速溶黑咖啡 2包（别用三合一！）♩
- 鸡蛋 3个（可生食级别）
- 白砂糖 40g（约4汤匙）
- 可可粉 1小包（阿华田也行）

⌄

图 2-18　优化关键词后 DeepSeek 生成的结果

（3）"善用专业术语"的甲方

喜欢的原因：专业术语是信息密度高的有效沟通工具，能帮助 AI 精准定位输出目标。

应用方法：

» 使用行业标准术语描述需求；

» 指定内容应包含的关键概念；

» 明确专业标准和参考框架；

» 区分专业层次和普及程度。

专业术语提示词示例如下。

请创作一篇针对中级摄影爱好者的光圈优先模式（Av/A 模式）教程。内容应涵盖光圈与景深的关系、曝光补偿的应用、适合的拍摄场景分析。使用专业术语，但提供简明解释，参考尼康摄影学院的教学风格，设计实践练习环节……

优化专业术语提示词后 DeepSeek 生成的结果，如图 2-19 所示。

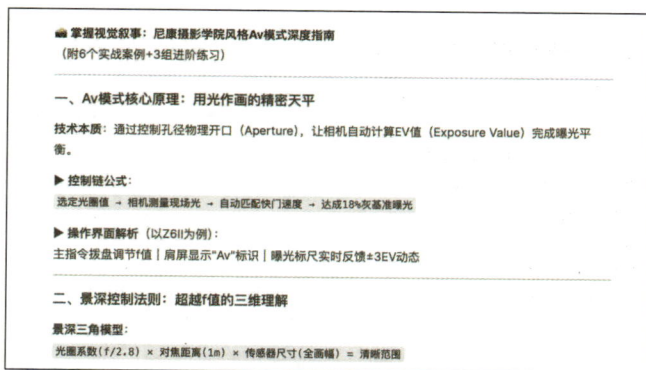

🎬 掌握视觉叙事：尼康摄影学院风格 Av 模式深度指南
（附 6 个实战案例 +3 组进阶练习）

一、Av 模式核心原理：用光作画的精密天平

技术本质：通过控制孔径物理开口（Aperture），让相机自动计算 EV 值（Exposure Value）完成曝光平衡。

▶ 控制链公式：

选定光圈值 → 相机测量现场光 → 自动匹配快门速度 → 达成 18% 灰基准曝光

▶ 操作界面解析（以 Z6II 为例）：

主指令拨盘调节 f 值 | 屏屏显示"Av"标识 | 曝光标尺实时反馈 ±3EV 动态

二、景深控制法则：超越 f 值的三维理解

景深三角模型：

光圈系数（f/2.8）× 对焦距离（1m）× 传感器尺寸（全画幅）= 清晰范围

图 2-19　优化专业术语提示词后 DeepSeek 生成的结果

（4）"一步步指导思考"的甲方

喜欢的原因：结构化的思考路径帮助 AI 生成更有条理、更全面的内容。

应用方法：

» 将复杂任务分解为连续步骤；

» 指定各步骤的侧重点和目标；

» 设置逻辑检查点和质量标准；

» 要求在结论前进行多角度考量。

思考路径指导提示词示例如下。

请分析这个商业创意的可行性，按以下步骤思考：

首先，评估市场需求和目标用户规模；

然后，分析现有竞争格局和差异化空间；

接着，考量实施所需资源和潜在障碍；

再者，评估盈利模式和回报周期；

最后，给出综合风险评估和建议决策。

对于每个步骤，请考虑正反两面因素，避免确认偏差。

（5）"提供反馈和迭代"的甲方

喜欢的原因：具体反馈使 AI 能更精准地调整输出方向，迭代过程产生更优质的结果。

应用方法：

» 对初始输出提供具体而非泛泛的反馈；

> » 指出需要保留的优点和需要改进的方面；

> » 在多轮交互中逐步完善需求表达；

> » 尝试不同角度的表述，找到最佳沟通方式。

高效反馈的提示词示例如下。

这个内容的整体结构不错，但有几处需要调整：

- 开场部分太学术化，需要更亲切生活化的表达；

- 第二部分的三个优点很好，但请增加具体例子支持；

- 结尾呼吁行动的部分太直接，需要更柔和的引导
  方式；

- 整体语气保持专业，但降低一定的正式程度；

- 请保留关于研究数据的部分，那很有说服力。

2.2.6 用好提示词是一项值得学习的技能

AI 提示词的应用不是输入几句简单指令，而是一项需要不断练习的专业技能。掌握了提示词的应用，就像拥有了一支训练有素的专业团队，能大幅提升你的创作效率和质量。

其实，用好优质提示词更是一种有效沟通的艺术。我们在平时跟别人交流时，也会希望得到明确的提示和答复。所以，无论你是用 AI，还是平时工作，专业性是必不可少的。

很多人都有一个误区，认为有了 AI，自己就可以放手了。其实，AI 对用户的专业性要求更高，不然你怎么能看出 AI 生

成的结果存在的问题？怎么知道 AI 有没有说谎？ AI 是一个可以应用在各行各业的工具，但它不是万能的。用户需要具有专业领域的经验、技术功底……听起来有门槛。但是，只要你一直深入研究，再用 AI 配合你的专业，就会得到意想不到的效果。

我们也做了内容出海的业务，使用 AI 数字人，配上专业运营团队，直接克服了以前环绕在行业上空的"语言障碍"。现在我们可以输出 30 多种语言的内容。可能你也想做，但即使知道了这个概念，依然不知道怎么落地。

原因很简单，你不了解这个行业的底层运营逻辑。所以，即使你现在拿到了 AI 这把万能钥匙，也找不到那把锁在哪里。

AI 提示词要求你清晰地表达需求，准确地描述目标，并提供足够的上下文和指导。通过本节介绍的结构和技巧，你已经了解了如何构建和优化适合不同场景的提示词。随着你的实践和积累，你将开发出自己的提示词库并形成个人风格。这不仅能提升 AI 输出内容的质量，也能让你的内容创作流程更加高效。在小红书内容创作的激烈竞争中，精通提示词的运用将成为你的关键竞争优势。

最好的提示词来自实践和迭代。不断尝试、记录和优化自己的提示词，你会发现 AI 能创造的可能性远超想象。

2.3　标题工程：助力点击率提升 250%

在信息过载的时代，优质内容如果没有吸引人的包装，很可能被淹没在无尽的信息海洋中。标题和文案是内容给用户的第一印象，它们决定了用户是否会点击、停留和互动。我们对10000 篇小红书内容进行分析发现，标题和开场白的质量与内容的最终表现的相关度远超内容本身质量的影响。

本节将深入探讨如何利用 AI 技术打造爆款标题，通过科学的标题工程让你的内容点击率和互动率提升 250%（内部统计数据），甚至更多。

2.3.1　小红书爆款标题的 9 大核心要素

什么样的标题能在小红书上获得高点击率呢？经过对2023—2024 年 1000 篇小红书爆款内容的标题进行分析，我们提炼了 9 个核心要素。

（1）高情绪价值词

高情绪价值词是直接触发用户情绪的词语，能迅速唤起好奇、惊讶、共鸣等反应。

传统标题："7 种实用的收纳方法"。

情绪增强版标题："惊呆！7 种收纳方法让我家空间瞬间

增大一倍"。

情绪价值词就像标题的"调味料",能让平淡无奇的标题立刻变得吸引人。

常用高效情绪词:

- 正面情绪:惊艳、震撼、超赞、爱疯了、治愈、上头;
- 负面转正面:救命、千万别试、翻车、踩坑、后悔、崩溃;
- 惊讶类:意外、惊呆、万万没想到、颠覆认知、难以置信;
- 稀缺类:绝版、神隐、珍藏、不外传、内部资料。

(2)数字 + 清单式结构

数字能给用户明确的预期,同时暗示内容的结构。

传统标题:"护肤品使用的正确顺序"。

数字增强版标题:"99% 的人都错了!护肤品正确使用的 5 步法则"。

数字在标题中起到锚定作用,即使你只是用"5 步法"替代泛泛的"方法",点击率都能提升至少一半。

最有效的数字用法:

- 奇数通常比偶数效果好,特别是 3、5、7、9;
- 较小的数字暗示简单易行,如 3、5;
- 较大的数字暗示全面详尽,如 9、15、21(尽量别用);

- 特定数字暗示专业性，如 28 天、6 周法、3+1 原则。

（3）强烈的问题感 / 痛点直击

直接指出目标用户的问题或痛点，制造"这就是我正在面对的问题"的共鸣。

传统标题："低成本厨房改造指南"。

痛点增强版标题："厨房又小又乱？这 9 个平价改造让你爱上做饭"。

有效的痛点表达方式：

- 直接提问式：为什么……如何解决……
- 共情式：×××让你烦恼吗？受够×××了？
- 对比式：明明很努力，为何还是……
- 隐藏式：原来我们一直做错了……

（4）意外 / 反常识元素

挑战用户的既有认知，制造认知差和好奇心。

传统标题："简单有效的减脂方法"。

反常识增强版标题："瘦了 30 斤却从没吃过水煮菜！这才是减脂秘密"。

人类天生对违反预期的信息更感兴趣，我们在标题中添加反常识元素，点击率就能大幅提升。

反常识表达方式：

- "原来……才是 / 竟然……"结构；
- "忘掉你知道的一切……"开头；
- "99% 的人都做错的……"结构；
- "不是……而是……"对比结构。

（5）即时 / 快速收益承诺

明确承诺用户能从内容中获得的具体价值和收益。

传统标题："学习提升记忆力的方法"。

收益增强版标题："记忆力翻倍！这 3 个小技巧立刻见效"。

现代用户最缺的是时间，最渴望的是速效。我们学员在标题中承诺"立刻见效"的方法，完播率直接提升了 50% 以上。当然，不会有人因为一个视频的"速效"来找你计算。通常来说，他们点进去没几秒钟就会忘记自己为什么点进去了。

高效收益表达方式：

- 时间指标：3 分钟见效、立即改变、7 天见证、今天就能用；
- 努力指标：零基础、不费力、躺着也能学会、只需一步；
- 效果指标：翻倍提升、彻底改变、从入门到精通、质的飞跃。

（6）个人经验 / 测试结果分享

通过真实体验和测试数据增加标题的可信度和吸引力。

传统标题:"抗初老面霜推荐"。

经验增强版标题:"亲测 3 个月,这 5 款抗初老面霜效果惊人"。

个人经验强化表达方式:

- "亲测 / 实测⋯⋯"开头;
- "使用 × 时间后⋯⋯"结构;
- "对比测试⋯⋯"框架;
- "从新手到专家,我发现⋯⋯"叙事。

(7)神秘感 / 独家信息暗示

制造信息不对称感,暗示内容包含非公开或小众信息。

传统标题:"巴黎旅游景点推荐"。

神秘感增强版标题:"巴黎旅行99%的游客都错过的 8 个绝美地点。

神秘感能触发人类的稀缺心理。使用"小众"替代"热门",即使内容都一样,完播率和点击率都能高很多。

神秘感营造技巧:

- "内部资料 / 不外传⋯⋯"暗示;
- "×% 人不知道的⋯⋯"结构;
- "行业内才懂的⋯⋯"框架;
- "我花了 × 年才发现⋯⋯"个人发现。

（8）明确的目标人群界定

精准定位特定人群，增强"这是专门为我准备的"感受。

传统标题："有效的面试技巧分享"。

定位增强版标题："应届生必看！HR 角度分享的 8 个面试加分技巧"。

目标人群界定方式：

- 身份标签：新手妈妈、职场小白、留学生、"90 后"；
- 场景标签：租房族、预算有限、无厨房、小户型；
- 需求标签：急速瘦身、深度保湿、告别油痘、轻松入睡；
- 问题标签：油皮困扰、腰痛人士、熬夜党、敏感肌。

（9）标题情绪符号（Emoji）的战略运用

Emoji 能增强标题的视觉吸引力和情感表达。

传统标题："新手如何开始投资基金"。

Emoji 增强版标题："🧘 小白理财特辑 |1000 元开始基金投资入门攻略"。

Emoji 不只是装饰，而且是视觉语言的一部分。恰当的 Emoji 能传达标题的情绪基调，同时增加用户的视觉停留时间。

Emoji 使用三原则：

- 相关性：选择与内容直接相关的 Emoji；
- 克制性：通常 2 ~ 4 个为宜，避免过多干扰；
- 位置性：在重点词前后或段落开头使用效果最佳。

2.3.2 AI 标题工程：从普通到爆款的转化流程

了解了爆款标题的核心要素，如何利用 AI 技术系统性地设计出高转化率的标题呢？以下是一个完整的标题工程流程。

（1）构建基础信息矩阵

AI 提示词模板如下。

我计划创作一篇关于［主题］的小红书内容。

核心内容：［简要概述你的内容］

目标受众：［受众描述］

内容独特点：［你的内容与众不同之处］

期望传达的情绪：［如惊喜、实用感、安心等］

请基于以上信息，生成一个包含以下要素的信息矩阵：

- 核心价值点（列出 3 ~ 5 个内容提供的主要价值）；
- 受众痛点（列出 2 ~ 3 个目标用户可能面临的问题）；
- 差异化角度（列出 2 ~ 3 个与同类内容的区别）；
- 情绪触发词（列出 5 ~ 7 个可用于标题的高情绪词）；
- 数字化要素（内容中可以数字化的部分，如步骤数、时间等）。

通过这个提示词，AI 会帮助你整理出标题创作的核心要素，为下一步提供基础素材。

（2）生成多维度标题方案

AI 提示词模板如下。

基于前面的信息矩阵，请为我设计 15 个小红书风格的标题，分为以下 5 种类型，每种 3 个：

- 问题解决型：直接针对用户痛点，承诺解决方案；
- 意外发现型：包含反常识或意外发现元素；
- 个人经验型：强调亲身体验和真实测试；
- 清单指南型：提供结构化的步骤或方法清单；
- 情绪共鸣型：强调情感体验和情绪共鸣。

每个标题都应包含：

- 至少 1 个情绪触发词；
- 适当的 emoji（2 ~ 4 个）；
- 明确的受众定位或价值承诺；
- 差异化元素。

请同时评估每个标题的预期点击率（1 ~ 10 分）。

这个步骤会产生 15 个不同类型的标题选项，覆盖不同的表达策略，确保多样性。你可以选择一个自己作为用户最想点进去看内容的标题。

（3）A/B 测试优化

从上一步生成的 15 个标题中，选择 3 ~ 5 个你最满意的继续测试。

AI 提示词模板如下。

我从之前的标题中选择了以下几个进行 A/B 测试：

［粘贴你选择的 3 ~ 5 个标题］

请针对每个标题生成一个优化版本，重点改进：

- 增强情绪触发强度；

- 提高具体性和明确性；

- 加强独特价值主张；

- 优化 emoji 的使用。

然后分析每组 A/B 标题的优缺点，并预测哪个版本可能有更高的点击率，以及原因。

这个步骤会为你提供每个标题的优化版本，以及详细的对比分析，帮助你做出最终选择。

（4）搭配高转化率开场白

标题和开场白是紧密配合的，一个好标题引导用户点击，一个好开场白确保用户继续阅读。

AI 提示词模板如下。

为我最终选择的标题设计 3 个不同风格的开场白（每个 80 ~ 100 字）。

标题：［你选定的最终标题］

- 共情型开场白：从读者可能的痛点或感受出发；

- 故事型开场白：以简短的个人经历或案例开始；

- 悬念型开场白：设置信息缺口，制造继续阅读的欲望。

每个开场白都应：

- 与标题承诺保持一致；
- 在前 30 个字内抓住核心痛点或价值；
- 自然引入正文内容；
- 包含能增加停留率的过渡句。

这个步骤会为你的标题配套 3 种不同风格的开场白，让你根据具体内容选择最合适的开场方式。

2.3.3　6 个爆款标题与开场白案例

为了更具体地展示如何运用上述原则，接下来分析 6 个不同领域的爆款标题与开场白案例。

（1）美妆领域

传统标题："夏季适合油皮的防晒霜推荐"。

爆款标题："油皮夏日救星💧|不泛白不油腻的 5 款平价防晒✨"

爆款开场白：

"每到夏天，油皮姐妹就开始了新一轮的'防晒困境'：要么白成鬼，要么油如锅。去年我测了 27 款防晒，终于找到这 5 款既不泛白也不油腻的平价宝藏！都不超过 100 元！最便宜的只要 59 元，效果却媲美 300 多元的大牌……"

成功要素分析：

- 明确目标人群：油皮；

- 直击痛点：不泛白，不油腻；

- 意外元素：都不超过 100 元；

- 数字要素：5 款防晒；

- 测试结果：测了 27 款；

- 开场白设置对比（便宜、大牌），制造期待。

（2）职场技能领域

传统标题："提高工作效率的方法"。

爆款标题："震惊！4 小时完成所有工作 ✅"。

封面文字："职场内卷时代的 4 个'偷懒'神技能"。

爆款开场白：

"你是不是经常很努力，却总也干不完手头的工作？别担心，问题可能不在于你不够勤奋，而在于方法不对。作为曾经的'加班狂人'，我意外发现这 4 个看似'偷懒'的方法，却让我的工作效率翻了一倍……"

成功要素分析：

- 高情绪词：震惊；

- 反常识元素：偷懒却高效；

- 数字要素：4 个神技能；

- 对比元素：加班狂人，偷懒的方法；
- 开场白建立共鸣：你是不是经常；
- 设置个人转变故事：从加班狂人到高效人士。

效果数据：我们的学员用这种方法改进，视频的完播率和点击率都提升了 300% 以上。

（3）家居领域

传统标题："小户型收纳解决方案"。

爆款标题："35m^2 蜗居变豪宅！🏠6 个无损改造神技巧"。

爆款开场白：

"租住在 35m^2 的小窝已经两年，最初的杂乱局促让我几度想要换房。直到我发现这些不用动墙、不用打孔的收纳秘诀，硬是让我的小蜗居焕然一新！朋友来访都惊讶：'这还是我上次来的那个房子吗？'房东都看呆了……"

成功要素分析：

- 强烈对比：蜗居变豪宅；
- 数字要素：35m^2、6 个技巧；
- 具体效果：收纳翻倍、空间增大；
- 社会认同：房东都看呆了；
- 开场白建立场景：租住两年的转变故事；
- 加入第三方反应（朋友惊讶），增强可信度。

效果数据：视频的点击率提升了 186%，收藏率提升了

320%。

（4）理财领域

传统标题："适合新手的基金投资指南"。

爆款标题："小白逆袭！月入 5000 多元，一年攒出 10 万元🧧"。

封面文字："3 个超简单的存钱方法，我家猫都能学会！"

爆款开场白：

"工资总是月光，想存钱但总坚持不下来……这些是 90% 的年轻人共同困扰的问题。一年前，我也是月光族的一员，直到偶然发现这 3 个'傻瓜式'存钱法则。12 个月后，我的存款从不足 5000 元变成了 10 万元，而且整个过程轻松得连我家猫都能照做！"

成功要素分析：

- 反差元素：小白从月入 5000 元到攒 10 万元；
- 简易承诺：超简单、猫都能学会；
- 数字要素：3 个方法；
- 具体结果：一年 10 万元；
- 开场白直击普遍痛点：月光、坚持不下来；
- 设置个人转变故事：从月光族到存款 10 万元。

效果数据：点击率提升了 276%。

（5）健康领域

传统标题："改善睡眠质量的方法"。

爆款标题："失眠 6 年终于睡好！🌙 4 个深度睡眠技巧"。

爆款开场白：

"又是一个辗转反侧的夜晚？你是否尝试过数羊、热牛奶、助眠 App……却依然无法入睡？作为一个曾经严重到靠安眠药度日的失眠患者，我尝试了 56 种方法后，医生都没告诉我怎么办，终于发现这 4 个改变一切的睡眠技巧，它们帮我摆脱了 6 年的失眠困扰……"

成功要素分析：

- 个人经验：失眠 6 年终于睡好；

- 神秘感：医生都没告诉我；

- 效果明显：改变一切；

- 数字要素：4 个技巧；

- 开场白直接提问，建立共鸣：又是一个辗转反侧的夜晚？

- 增加可信度：尝试了 56 种方法。

效果数据：运用类似标题和开场白，文案的点击率提升了 240%，完整阅读率提升了 180%。

（6）育儿领域

传统标题："培养孩子专注力的游戏"。

爆款标题："3 岁娃专注力飙升！💛 幼师妈妈的 7 个秘籍"。

爆款开场白：

"'妈妈，我只玩 5 分钟手机……'结果半小时过去了，孩子依然沉迷屏幕。这样的场景是否每天都在你家上演？作为幼师兼两个孩子的妈妈，我深知专注力对孩子发展的重要性。通过这 7 个融入日常的小游戏，我的 3 岁儿子现在能安静看书 30 分钟，再也不吵着要手机了……"

成功要素分析：

- 具体效果：专注力飙升、乖乖听话；
- 权威身份：幼师妈妈；
- 数字要素：7 个秘籍；
- 痛点直击：吵着要手机；
- 开场白呈现典型问题场景：只玩 5 分钟变成半小时；
- 提供具体成果证明：能安静看书 30 分钟。

效果数据：视频的点击率提升了 230%，收藏率提升了 290%。

看完这些案例，你是不是发现爆款标题并不是随机产生的，而是有迹可循的呢？运用这些核心要素，再通过 AI 的帮助，你也能创作出吸引用户点击的爆款标题。

好标题的关键是"情绪触发＋明确价值＋独特角度＋目标定位"。每个要素都很重要，但组合在一起使用效果最佳。现在，开始创作你的爆款标题吧！

2.4　AI 辅助爆款文案创作完全指南

除了标题和开场白，整体文案质量同样影响内容的互动率和转化率。无论是传统创作，还是通过 AI 辅助的创作，爆款文案的核心本质始终如一：打动人心。本节先讲爆款文案的底层逻辑，再探讨怎样借助 AI 技术提升文案质量，让你的内容转化率步步高升。

2.4.1　爆款文案创作的基本原则：人类情感永远是核心

（1）"三明治"结构原则：层次分明的内容更易消化

优质文案就像一个结构完善的三明治，每一层都有特定功能和价值。其实在自媒体时代，爆款文案框架已经不是什么秘密了。换句话说，这是专属于短视频时代的结构。

传统文案具有以下三层结构。

- 顶层面包片：用来引起共鸣，通常是一个问题或者小故事。

- 中间的肉和菜：主要内容和价值所在，"干货"都在这里。

■ 底层面包片：总结观点，告诉读者"接下来该做什么"。

以下是一个减肥主题文案的"三明治"结构示例。

> 连续三年，每到夏天就疯狂节食。结果不仅没瘦，还把胃搞坏了……（引起共鸣）
>
> 直到我发现这个不用挨饿的减脂方法，3 个月减掉 15 斤，关键是再也不反弹！（主要内容）
>
> 下面我就把完整方法分享给同样困扰的你，一起告别无效节食吧！（行动指引）

这种结构简洁有效：开头连接读者痛点，中间提供解决方法，结尾自然引导继续看或行动。没有复杂的专业术语，你只要了解自己的用户和观众就能做到。

（2）"讲故事"原则：用叙事建立情感连接

人类天生被故事所吸引。从古至今，故事始终是传递信息的最有效方式。从原始人围着火堆讲故事到现在浏览小红书，这个本质没有改变。故事能在短时间内跟用户建立联系，也能抓住他们的注意力。

传统故事型文案的结构如下。

■ 设置一个主角（最好和读者很像）。

■ 描述主角遇到的问题（读者的痛点）。

■ 讲述解决问题的过程（产品 / 方法登场）。

■ 展示美好结果（让读者看到希望）。

以下是一个护肤品文案的故事示例。

> 去年冬天，我的脸干到脱皮，抹什么都不管用。同事看见我的惨样，偷偷告诉我用这款面霜。刚开始我还不信，毕竟价格这么亲民……用了 3 天后，天啊！脸上的"鳞片"没了，摸起来滑溜溜的，男朋友都说我变好看了！

是不是比直接说'这个面霜很好用"有感染力多了？故事让抽象的效果变得具体，让冰冷的产品有了温度。

（3）"证据堆积"原则：增强内容的可信度

在信息爆炸的时代，观众经常态度很谨慎。而且，人天生就具有怀疑的性格，特别是在感觉被欺骗之后。所以，光说"这个超好用"是没有人会相信的，需要拿出证据来。

传统文案的证据类型如下。

■ 提供数据："用了 28 天，皮肤含水量提升 37%。"

■ 展示对比："看看我使用前后的照片，连痘印都淡了。"

■ 引用专家："皮肤科张医生推荐的祛痘方法。"

■ 分享他人评价："已经有 3000 多位姐妹用这个方法成功脱单。"

证据越多样化，说服力就越强。一篇好文案至少要有

2 ～ 3 种不同类型的证据，让读者想反驳都找不到角度。

（4）"直击痛点"原则：引起深层共鸣

精准识别并直击用户痛点是高转化文案的核心要素。你必须让读者感觉"天啊，这人太懂我了吧"，才能建立那种难以形容的连接感。

传统文案的痛点表达方式如下。

- 描述具体场景："熬夜赶工，第二天照镜子，黑眼圈吓死人。"
- 使用读者口吻："为什么我护肤那么勤快，皮肤还是这么差？"
- 揭示隐藏焦虑："其实你不是怕变老，是怕别人看出你变老了。"

痛点描述越具体，共鸣就越强烈。很多人觉得自己的烦恼很特别，但看到别人也这样，反而松了一口气，然后就想知道解决方法。

（5）"行动引导"原则：自然引导下一步

爆款文案不仅要吸引读者、提供价值，还需要明确指引读者采取下一步行动。不然，你辛辛苦苦写的文案就白费了。

传统文案的行动引导方式如下。

- 简单明确："点击下方链接，领取 7 天试用装。"
- 制造紧迫感："限时特惠，今天 23：59 截止。"

- 降低门槛："不满意随时退款，零风险尝试。"

好的行动引导应该顺其自然，而不是突然蹦出来喊"买买买"。它应该是整个故事的合理结局，让读者发出"哦，这就是我要做的事情"的感慨。

2.4.2　AI 如何助力创作爆款文案

了解了传统爆款文案创作的核心原则，现在让我们探索如何借助 AI 技术使这些原则在实践中更加高效、精准地落地。

（1）用 AI 构建结构清晰的"三明治"文案

创建高效的"三明治"结构文案，可以使用以下提示词模板与 AI 合作。

请帮助我创建一个"三明治"结构的文案。

产品／主题：［你的产品或话题］

目标受众：［描述你的目标读者］

要求如下。

- 顶层（共鸣层）：创建一个能引起目标受众共鸣的开场，可以是问题、场景或小故事。
- 中间层（价值层）：清晰展示核心价值点，至少包含 3 个关键好处。
- 底层（行动层）：自然引导读者采取下一步行动。

语气应亲切自然，避免过度的营销感。

这个提示词告诉 AI 你要的结构，但内容主导权还在你手上。拿到 AI 生成的框架后，你一定要加入自己的经历和口吻，别直接复制粘贴，那样"AI 味"就太重了。

比较以下两个例子，感受个人化改写的差异。

① AI 原始输出

> 你是否经常为肌肤暗沉烦恼？新推出的光感精华液可以帮助你改善肤色，增加光泽，减少暗沉。现在点击链接，立即体验这款神奇产品！

② 个人化改写后

> 上周加班到凌晨，第二天照镜子差点吓死，那个灰白的肤色简直了！还好我有这瓶精华液救急，抹完立马提亮，气色回来了！姐妹们，这款精华液我已经用完 3 瓶了，绝对是熬夜党的救星！

是不是感觉完全不一样了？加入个人经历、口语化表达和情感后，文案立刻有血有肉了。

（2）借助 AI 构思引人入胜的故事框架

故事是内容连接读者情感的桥梁。以下提示词可以帮助 AI 生成有效的故事框架。

请根据以下信息，创建一个简短但引人入胜的故事框架。

产品 / 方法：[描述你的产品或方法]

目标受众痛点：[描述目标用户的主要问题]

期望效果：[使用后的理想结果]

故事框架需要包含以下要点：

- 一个与目标受众框似的主角；

- 主角面临的具体困境（细节描述）；

- 发现解决方案的转折点；

- 使用后的正面变化（具体描述）。

请只提供基本框架，我将填入个人经历和细节。

AI 能给你提供故事的骨架，但血肉还需要你填充。拿到故事框架后，你可以加入个人经历、对话、感受和具体细节。

对比以下两个版本，可以看出个人化故事的差异。

① AI 生成的基础框架

　　30 岁职场女性因熬夜加班导致皮肤状态差，偶然发现这款精华液，使用后皮肤明显改善。

② 添加个人细节后

　　上周加班赶方案到凌晨 3:00，连续 3 天！周五见客户时，对方直接问我："你最近是不是很累啊？"天呐，我的黑眼圈和暗沉肌肤已经明显到客户都看出来了！回家

> 路上我差点崩溃，随手点开小红书，刷到一个和我情况超像的姐妹推荐这款精华液……

个人化版本通过具体的时间点、真实对话和情感描述，使故事更加立体、真实且能产生共鸣。读者能从中看到自己的影子，也更容易接受故事中提供的解决方案。

（3）利用 AI 收集和组织多元化证据

多元化证据是增强内容可信度的关键。以下提示词可以帮助 AI 为你的内容生成证据框架。

请帮助我为以下产品 / 方法收集并组织多种类型有说服力的证据。

产品 / 方法：[你的产品或方法]

主要功效：[核心效果]

请提供以下类型的证据框架：

- 数据型证据（可能的数据点和统计角度）；
- 对比型证据（可以进行的前后或产品间对比）；
- 专业型证据（相关领域的专业背书角度）；
- 社会认同型证据（用户评价或社会趋势角度）。

我将根据实际情况补充真实数据和案例。

AI 可以帮助你想出各种类型的证据角度，但真实数据和案例还是要你提供。

① AI 生成的证据框架

可以提供使用 28 天后肌肤含水量的变化数据；展示使用前后的肌肤状态对比照片；引用皮肤科医生关于产品成分的评价；分享已有用户的正面评价。

② 添加真实数据后

我用精密肌肤测试仪测量，使用 28 天后我的肌肤含水量从原来的 32% 提升到 48%！（插入真实的前后对比照）皮肤科王医生说："这款产品的 3% 烟酰胺浓度对改善肌肤屏障确实有科学依据。"截至目前，小红书上已有超过 2000 条相关好评，平均评分 4.8……

在提供证据时，真实性和准确性至关重要。另外，虚假数据会毁掉你的信誉，所以一定要用真实数据！理想的做法是将 AI 提供的框架与亲身验证的数据相结合，确保内容既有说服力又保持诚信。

（4）用 AI 精准定位并描述痛点

AI 辅助技巧如下。

请帮助我分析并描述以下目标受众可能面临的痛点层次。

目标受众：[详细描述你的目标用户]

产品 / 方法：[你的产品或方法]

请分析以下痛点：

- 表层痛点（明显感受到的问题）；
- 中层痛点（因表层问题引发的困扰）；
- 深层痛点（潜在的恐惧或渴望）。

并为每个层次提供 2 ~ 3 个具体描述场景或表达方式。

AI 能帮助你层层剖析痛点，但最终你需要选择最符合自己真实理解的部分，并用自己的语言表达出来。

① AI 给出的痛点分析

> 表层痛点：皮肤暗沉无光泽；中层痛点：影响妆容效果，降低自信；深层痛点：担心显老，影响职场竞争力。

② 用自己的语言重新表达

> 每天照镜子都觉得自己憔悴得不行（表层），约会前化妆都遮不住那种"累透了"的感觉，男朋友都问我最近怎么了（中层）。其实最怕的是在这个看脸的时代，显老就等于被无形淘汰，尤其在我们这种竞争激烈的行业……（深层）

（5）AI 创建自然流畅的行动引导

AI 辅助技巧如下。

请为我的内容创建 3 种不同风格的行动引导。

产品 / 方法：[你的产品或方法]

前文核心价值：[内容已展示的主要价值点]

请提供以下风格的行动引导：

- 友好邀请型（像朋友推荐一样自然）；
- 问题解决型（围绕解决痛点来引导）；
- 限时机会型（创造适度紧迫感）。

每种引导都应自然承接前文，避免生硬的销售感。

AI 可以提供行动引导的框架，但你需要用自己的语言风格润色，并确保与自己的个人品牌调性一致。

AI 可能会给你以下内容。

- 友好邀请型："如果你也被暗沉困扰，不妨试试这款我用了 3 瓶的精华液。"
- 问题解决型："想要摆脱暗沉困扰？这款精华液可能是你需要的解决方案……"
- 限时机会型："这款精华液最近有优惠活动，记得趁优惠结束前入手哦！"

你可以选择一种风格，然后加入个人色彩。

> 姐妹们！我是真的被这瓶精华液拯救了，才这么迫不及待推荐给你们！我已经安利给我们公司的 5 个同事，全部都回购了！评论区告诉我你们的肤质，我来给你们参考用量，不要像我一样第一次用太多，哈哈哈哈！

2.4.3 爆款文案优化秘诀：让 AI 和人类智慧完美结合

最后，我想分享几个让 AI 文案更有"人味"的小技巧。

- 先 AI，后人工：永远把 AI 的输出当成初稿，不要原样使用。

- 个人化改写：加入你说话的语气、口头禅和真实经历。

- 情绪注入：在关键处添加情绪词和语气词，如"啊""真的""天呐"。

- 结构打散：打破 AI 生成的完美段落，制造一些自然的不规则感。

- 定期更新提示词：随着自身风格的发展，更新你给 AI 的提示词模板。

（1）真实案例：看看改写前后的差别

① AI 直接生成版本

> 这款精华液含有 3% 的烟酰胺，能有效改善肤色不均和暗沉问题。使用后，肌肤会变得更加通透、有光泽。建议早晚使用，取 2 ~ 3 滴涂抹于面部。连续使用 28 天可以看到明显的效果。

② 人工优化后

> 姐妹们！这瓶精华液真是我的救命恩人啊！！！里面

添加了 3% 的烟酰胺（就是传说中的美白成分，不是漂白哈），我用了大概一个月，那些熬夜后的暗沉真的慢慢被赶跑了！关键是，它竟然不刺激，我这种敏感肌都能用。

用法超简单：洗完脸后，取 2 ~ 3 滴（不要像我一样第一次激动地挤了半管，真的是浪费啊，哈哈哈），轻轻拍匀就行！

我已经连续空瓶 3 次了！！！价格虽然不算便宜，但绝对值回票价！不言的姐妹可以看看我主页的前后对比，蓝盖孔底都被我拯救回来了。

感受到区别了吗？后者充满了个人语气、真实感受和生活细节，读起来就像朋友在聊天，而不是一个冰冷的产品说明书。

（2）总结：AI 创作爆款文案的核心秘诀

无论是传统爆款文案，还是 AI 辅助生成的文案，创作的核心原则没变。

- 结构要清晰（三明治让人容易消化）；
- 故事要真实（人类天生爱听故事）；
- 证据要充分（让人不得不信）；
- 痛点要精准（说出读者的心声）；
- 引导要自然（顺势而为，不强求）。

AI 是强大的助手，但最终的文案魔力来自你的经历、你的情感、你的真实。用 AI 提高效率，但要用你的人性注入灵魂。

记住，最好的文案不是听起来最完美的，而是最有共鸣的。有时候，一个小小的语病或口头禅反而会让读者感到更亲切，因为这才是真实的人类交流方式。

2.5　AI 内容如何避免"机器味"

以前有学员向我抱怨，说用了 AI 以后，时不时会接到评论，如"又是 AI 生成的内容，连语气都和其他账号一模一样，取关了"。

很多人在刚开始学习 AI 时都会提到，虽然 AI 帮助自己提高了创作效率，但内容失去了灵魂和个性，怎么办？

随着 AI 创作工具的普及，一个新的问题正在浮现，就是内容同质化与充满"机器味"。小红书官方数据显示，2024 年平台已能识别约 65% 的 AI 辅助创作内容，其中超过 70% 存在明显的"模板化"和"机器口吻"问题。而且，随着 AI 越来越普及，很多用户已经能直观辨别"AI 味太浓"的内容，对这类内容也非常排斥。

本节将深入探讨如何在享受 AI 创作效率的同时，保持内容的原创性和个人风格，避免给用户造成"AI 内容"的刻板印象。简单地说，就是用 AI 创作出"有人味"的内容。

2.5.1 "机器味"的由来：AI 内容的 3 大通病

在学习避免"机器味"的技巧前，我们需要先理解这种"机器味"究竟从哪来的。通过分析上千篇 AI 生成的内容，我们发现"机器味"主要表现在以下 3 个方面。

（1）结构过于规整和可预测

单纯由 AI 生成的内容往往结构严丝合缝，缺乏人类创作过程中的自然起伏和想法。其典型表现如下。

- 段落长度几乎完全一致。
- 每部分都有明确且类似的过渡语。
- 论点展开过于均匀，缺乏重点突出。
- 结构框架能明显对应到常见的模板。

我感觉，AI 生成的内容就像一个过于完美的机器人家政员，能将每个角落都打扫得一尘不染，却让人感到不自然和缺乏生活气息。而人类完成的工作尽管可能存在一些小缺陷，却更能体现出"温度"。

（2）语言风格中性且缺乏个性

AI 倾向于使用中性、客观的语言，缺乏个人色彩和独特的表达习惯。即使刻意添加一些语气词，也总让人感觉哪里不对劲。就像穿了一件没有任何设计感的基础款 T 恤，功能没问题，但毫无风格可言。其典型表现如下。

- 措辞过于正式或教科书式。
- 缺乏人类特有的口头禅或表达习惯。
- 情感表达程式化，缺乏真实感。
- 过度使用模糊修饰词（如"可能""或许""一定程度上"）。

（3）过度完美而缺乏真实感

AI 生成的内容往往过于全面和完美，缺乏人类创作中的瑕疵和限制。其典型表现如下。

- 信息密度高，缺乏取舍。
- 论证过于全面，没有明显偏好或立场。
- 缺乏真实案例和具体细节。
- 没有"只有作者才知道"的独特见解。

其实，我们平时说话和写字都是不怎么讲究语法的，但就是这些"瑕疵"组成了每个人的说话风格。

2.5.2 高原创度 AI 内容的 7 个实用技巧

了解了"机器味"的本质后，我们可以有针对性地采取措施，确保 AI 辅助创作的内容保持高度原创性和个人特色。我们在具体实操中总结了以下 7 个比较实用的技巧。

（1）个人经历注入法，即将你独特的个人经历、失败教训和真实感受融入 AI 生成的内容框架中。

① 实施方法

■ 在 AI 生成内容的关键位置（开头、转折点、结尾）植入个人故事。

■ 选择只有你经历过的具体场景和细节。

■ 包含你真实的情感反应和思考过程。

■ 添加时间、地点这种细节，增强真实感。

② 示例提示词

请在我的 AI 生成内容中标记 3～5 处适合注入个人经历的位置，并提供注入指导。

［AI 生成的原始内容］

每个标记点请提供：

● 需要插入的位置；

● 适合分享的经历类型；

● 如何自然过渡到个人经历；

● 如何从个人经历返回到主内容。

注入个人经历是抵御内容同质化的最好办法。无论是 AI 出现前，还是出现后，个人故事都属于一个 IP 的差异化。你的经验、心得，还有感悟都是其他人无法复制的内容，也最能引起读者的共鸣。自媒体这个行业，归根结底做的是人的情绪。

（2）**结构打散重组法，**即打破 AI 生成内容的完美结构，引入更符合人类思维的瑕疵或不均衡，这样更容易突出重点。

① 实施方法

■ 调整段落长度，制造有意的不均衡。

■ 打破线性叙事，适当前后跳跃。

■ 删除部分过渡语，让内容转折更自然。

■ 突出强调某些观点，弱化其他部分。

② 示例提示词

请帮助我打破以下内容的 AI 痕迹，让结构更自然。

[AI 生成的原始内容]

具体需要：

● 调整段落长度，使其更符合自然写作风格；

● 删除或改写明显的模板化过渡语；

● 建议哪些部分可以合并或拆分；

● 指出哪些观点值得强调，哪些可以简化。

完美的结构反而是 AI 内容的标志。我在用 AI 辅助生成内容时会刻意做减法，强化自己的观点。不知道大家有没有发现，自媒体做的其实就是"观点"。我们经常说"我很喜欢×××，她讲得真的很好"，这个"好"究竟是哪里来的？其实都是从强有力的观点里来的。因为大家都赞成这些情绪化的内容，而不是传统意义上的"干货"。我们平时交朋友，也是被一个人的观点和魅力吸引，"干货"作为辅助，但并不是被关注的核心。

（3）**将语言个性化**，即为 AI 生成的中性语言注入你的个人风格和表达习惯。

① 实施方法

■ 识别并培养自己的语言模式和标志性表达。

■ 创建个人常用词汇和句式库。

■ 用你的口头禅和表达习惯替换 AI 的标准表达。

■ 加入符合你个性的幽默元素或修辞手法。

② 示例提示词

请分析我的以下 5 篇历史内容，提取我的个人语言风格特征。

［5 篇历史内容链接 / 文本］

请识别以下内容：

● 我常用的标志性词汇或表达；

● 我的句式和节奏特点；

● 我惯用的修辞手法和语气；

● 我表达幽默或情感的方式。

然后，请将这些特征应用到以下 AI 生成内容中。

［AI 生成的原始内容］

每个人都有自己的"语言指纹"。我曾经花两周时间分析自己的历史内容，总结出自己常用的 15 个表达习惯和语气特点。现在针对每篇 AI 辅助创作的内容，我都会用这些元素进行二次加工。其间，AI 也在学习我的语言方式，后来生成的很多内容也都带有我的语言色彩。

还是那句话，AI 是会自己学习的，我们一定要学会"调教"AI。

（4）观点极化与立场明确， 即打破 AI 内容的平衡，注入更鲜明的个人立场和观点。

① 实施方法

■ 确定你在特定话题上的真实立场。

■ 在关键论点上加入更鲜明的个人观点。

■ 用带立场的形容词和评价词。

■ 对某些流行观点提出质疑或反对。

② 示例提示词

请帮助我在以下内容中注入更鲜明的个人立场。

［AI 生成的原始内容］

我的立场倾向：［简述你的立场］

请提供以下内容：

● 识别内容中可以表达立场的关键点；

● 加入更有态度的评价和判断；

● 调整措辞使观点更加鲜明；

● 加入基于我立场的个人建议。

观众关注你，是因为被你的独特观点吸引，而不是不痛不痒的介绍。你可以先设置一个前提，比如"所有的内容中都需要加入我对产品真实、直接的评价，哪怕这意味着得罪某些品牌"，再根据这个前提修改内容。这种真实感是 AI 无法模仿的。

（5）**细节具象化处理**，即用具体、生动的细节替换 AI 内容中的抽象描述，增加真实感和沉浸感。

① 实施方法

- 识别内容中的抽象描述和概括性表达。
- 用具体的感官描述（视觉、听觉、触觉等）替换。
- 添加特定的时间、地点、人物等细节。
- 使用比喻和类比连接读者熟悉的体验。

② 示例提示词

请帮助我识别以下内容中需要具象化的抽象表述。

［AI 生成的原始内容］

针对每处抽象表述，请提供以下内容：

- 更具体的感官描述（如何看到 / 听到 / 感受到）；
- 可添加的生活化细节；
- 潜在的比喻或类比；
- 如何将概念与读者日常经验连接。

具体的细节是建立信任的关键。例如，不是泛泛地说"这家餐厅的牛排很美味"，而是描述"刀切下去时肉汁四溢的瞬间，以及第一口咀嚼时鲜嫩多汁的口感，牛肉的香气在口腔内久久不散"。这些细节很难靠猜测编出来，所以更容易被读者信任。尤其是很多具象化的比喻，如"这个洗面奶用完，脸就像剥了壳的鸡蛋一样，嘭嘭的"，让观众开始在脑海里联想这个画面。这种真实感也是 AI 不能完全实现的，但完全是为了"彰显人味"。

（6）**弱点与局限坦承法**，即主动承认方法的局限性或自身的知识边界，展现自己的弱点，更真诚、谦虚。

① 实施方法

- 诚实指出建议的适用场景和限制条件。
- 坦承自己尝试过，但失败的方法。
- 分享仍在学习或不确定的领域。
- 鼓励观众分享可能比你更好的方法。

② 示例提示词

请帮助我在以下内容中识别可以坦诚表达局限和不确定性的位置。

［AI 生成的原始内容］

针对这些位置：

- 添加适用条件和局限性说明；
- 插入个人尝试但不完全成功的经历；
- 提出我仍在思考或探索的问题；

- 设计鼓励读者补充或改进的互动点。

完美无缺的内容会让人起疑。在我们平时的文案课里，有一个例子，比如你要分享健身建议，就明确指出"这个方法对我有效，但如果你有膝伤，可能需要调整"，或者"我尝试过这 5 种方法，其中 2 种效果不理想"。这种诚实的不完美感反而增加了内容的可信度。

其实，AI 辅助生成内容大大减少了我们的时间，但归根结底，还是运营自媒体、运营大众情绪的底层逻辑。

（7）风格一致性检验，即确保所有 AI 辅助生成的内容都符合你的一贯风格和调性，避免内容风格的突兀变化。

① 实施方法

■ 建立个人内容的风格指南和核心特征（喂给 AI，让 AI 学习）。

■ 创建个人表达的检查清单。

■ 确保关键段落（开头和结尾）最能体现个人风格。

■ 定期审查内容，确保风格一致性。

② 示例提示词

请根据我的以下历史内容，创建一份"个人风格一致性检查表"。

［3 ~ 5 篇历史内容］

这份检查表应包含以下内容：

- 我的标志性开场和结束方式；
- 我常用的互动和提问模式；
- 我表达观点的典型结构；
- 我的语气和情感表达特征；
- 我常用的修辞手法和词汇选择。

然后，请用这份检查表评估以下新内容的风格一致性。

[AI 生成的新内容]

风格一致性是读者忠诚度的基础。做 IP 的时候，我们可能会发 100 篇内容，但观众一定要在不同的内容中感受到相同的你。为了让 AI 更好地辅助我工作，我建立了一个有 25 个项目的风格核对清单，确保每篇 AI 辅助生成的内容都经过检验。这里面包括各种语气词、瑕疵词、弱点……这样确保 AI 的输出效率是最高的。

2.5.3 案例分析：AI 内容的人性化改造

为了更直观地展示这些技巧的应用效果，接下来我们看一个具体的案例分析。

AI 生成的初稿：5 种提高工作效率的方法

提高工作效率是现代职场人士的重要课题。本文将介绍 5 种科学有效的方法来提升您的工作效率。

第一，番茄工作法是一种流行的时间管理技术。它建议工作 25 分钟，然后休息 5 分钟。这种方法可以帮助保持专注并防止疲劳。

第二，任务分类很重要。您可以使用艾森豪威尔矩阵将任务分为重要且紧急、重要但不紧急、紧急但不重要以及既不紧急也不重要四类。

第三，减少多任务处理。研究表明，多任务处理实际上会降低生产力，因为人脑切换任务需要额外的认知资源。

第四，利用高效时段。每个人都有自己的生产力高峰期，识别并利用这些时段处理复杂任务非常重要。

第五，使用合适的工具和应用程序可以显著提高效率。市场上有许多任务管理和生产力应用可供选择。

结论是通过综合应用这些方法，您可以显著提高工作效率，减少压力，并取得更好的工作成果。

这段内容有明显的 AI 痕迹：结构过于整齐、语言缺乏个性、没有具体案例和细节、使用大量模糊修饰词（可以、非常）、缺乏作者存在感。

应用 7 大技巧后的改造版本

周一早上，我瘫在办公椅上盯着一堆待办事项，感觉像被一辆压路机碾过——这已经是我连续第三周工作到半夜还完不成任务了。"难道我天生就是效率低下的人？"我绝望地想。

直到我偶然发现并亲测了这几个方法，我的工作状态才彻底逆转（老板甚至怀疑我是不是偷偷找了助理）。

（1）番茄工作法真的有魔力（但我做了小改动）

传统番茄法建议工作 25 分钟后休息 5 分钟，但这对我这种注意力像金鱼一样的人来说太难了！我的改良版是先 15 分钟，成功一周后再增加到 20 分钟，最后才是 25 分钟。第一次连续专注 15 分钟不碰手机，我居然有种莫名的成就感！其实无论什么事情，只要开始做，也就慢慢习惯了。我现在已经从坐立不安，调整到可以连续工作一个小时了！

（2）任务分类我曾经搞砸过无数次 😅

我试过各种复杂的四象限分类法，结果花在分类上的时间比完成任务还多。有谁和我一样？现在我只用最简单的"明天必须死"和"本周必须完成"两类，粗暴但出奇有效！

老实说，多任务处理是我最难改的习惯。就在写这篇文章的同时，我的邮箱提示音响了 3 次，我忍住没看（这对我来说是一个小奇迹）。研究说切换任务会浪费 40% 的生产力，我的经验是至少要花 20 分钟才能重新进入状态。

　　我的高效时段是早上 9:00—11:00，你呢？我曾犯的最大错误就是把这黄金时段浪费在回复邮件和开日常会议上。现在这段时间我会"消失"，专注处理最需要创造力的工作。

　　关于效率工具，市面上确实有上百种选择。但老实说，最好的工具是最适合你的那个，而不是最复杂的。我尝试过十几款后还是回到了最简单的"笔记本＋提醒事项"的组合。有时候，简单就是效率。

　　这些方法不是万能的，它们对我有效，但每个人的工作性质和习惯不同。我超级好奇，你有什么独特的效率小技巧？请在评论区告诉我，没准我能从你那学到新招数！

改造效果分析

- 个人经历注入法：加入了"你"的挣扎经历和个人尝试过程。

- 结构打散重组法：打破了均匀的段落结构，增加了标题并着重强调。

- 语言个性化处理：加入了口语化表达和个人口头禅（老实说、出奇有效）。

- 观点极化与立场明确：明确表达了对某些方法的偏好和质疑。

- 细节具象化处理：添加了具体细节（早上 9：00—11：00、第一次连续专注 15 分钟）。
- 弱点与局限坦承法：承认自己在多任务处理上的挣扎，以及方法的不完美。
- 风格一致性检验：整体风格轻松、真实、略带自嘲。

改造后的内容明显更有个人色彩，读起来更像一个真实的人在分享经验，而不是 AI 生成的标准答案。最关键的是这种改造并不需要完全重写内容，只需在 AI 生成内容的基础上进行有针对性的人性化调整。

2.5.4　AI 内容原创度的进阶策略

掌握基本技巧后，我们也实践出来了 4 个进阶策略，让你的 AI 辅助生成内容会有更高的原创度和个人特色。

（1）创建个人化提示词模板

为不同类型的内容创建包含你个人风格元素的提示词模板，从源头提高原创度。其实施方法如下。

请帮助我基于我的风格特点，创建一个个人化的 AI 提示词模板。

我的风格特点如下：

- [列出 3 ~ 5 个你的写作风格特点]
- [列出 2 ~ 3 个你常用的表达方式]
- [列出你喜欢的内容结构特点]

请为 [内容类型] 创建一个融入上述风格的提示词模板，包括以下要点：

- 如何在提示中嵌入我的风格要求；
- 哪些部分应该由 AI 生成；
- 哪些部分应该留空由我填入个人经验；
- 如何指导 AI 保持我的语言风格。

个人化提示词模板就像给 AI 打上了你的标签。我在学员用 AI 辅助生成文案时，都要让他们设置至少 3 个提示词模板，每个都融入了他们的表达习惯和视角。这样生成的初稿就已经有了他们自己的影子，后续修改工作量大大减少。

（2）差异化角度策略

刻意选择与主流视角不同的切入点，避免内容同质化。其实施方法如下。

请对于 [你的主题] 分析当前主流内容的常见角度：

- 列出 5 ~ 7 个市面上常见的切入点；
- 分析这些角度的饱和度和竞争程度；
- 基于我的背景 [你的背景 / 经验]，提出 3 ~ 5 个差异化角度；

- 评估每个差异化角度的新鲜度和可行性。

找到差异化角度是避免内容同质化的关键。例如，大家都在写"巴厘岛的 10 大景点"，我就会选择"在摄影师眼中被低估的巴厘岛的 5 个角落"或"一个当地华人带你看真实巴厘岛"这样的角度。AI 很容易走入常规思路，所以创作者一定要自己选择角度。

并不是所有的内容输出都要依赖 AI。我们只有保持清醒的头脑和创作能力，才能真正享受到 AI 的力量支持，而不是被 AI 反噬。

（3）内容批量风格迁移

学习艺术创作中的概念"风格迁移"，把你的风格特征批量应用到 AI 生成的内容上。其实施方法如下。

请分析我以下 3 篇最成功的内容，提取我的"风格指纹"。

［链接到你的 3 篇内容］

请提取以下内容：

- 词汇和句式特征；

- 结构和节奏模式；

- 修辞和幽默风格；

- 观点表达方式。

然后，请将这些风格特征应用到以下 AI 生成的内容中。

［AI 生成的内容］

风格迁移是效率和个性的最佳平衡点。你可以让 AI 先生成 10 篇基础内容，然后使用提炼出的"风格指纹"统一进行二次创作。这样既保证了效率，又确保了所有内容都带有你的个人特色。

（4）"逆向工程"你的爆款内容

分析你自己的爆款内容，提取成功要素，并有意识地将这些要素融入 AI 辅助创作中。其实施方法如下。

请分析我过去发布的表现最好的 3 篇内容。

[链接到你的爆款内容]

请识别以下要点：

- 这些内容共有的结构特点；
- 读者互动最集中的部分；
- 独特的表达方式和吸引点；
- 情感连接和共鸣点。

然后，请创建一个"爆款元素检查表"，用于评估和优化新内容。

每个创作者都有自己独特的爆款密码。我也分析过自己的 10 篇爆款内容，发现最成功的文章都有"个人失败经历—学习过程—意外发现—实用建议"这样的讲故事模式。所以，我在用 AI 辅助创作时，也会确保 AI 生成的内容包含这样的框架。

2.5.5 避免 AI 内容被识别的建议

除了提升内容的原创性和个人风格，还有一些实用技巧可以帮助创作者的内容避免被平台算法标记为"AI 生成"。

（1）小红书平台 AI 检测机制解析

小红书的 AI 内容检测主要关注以下几个维度。

- 语言模式识别：检测标准化表达和重复句式结构。
- 内容一致性评估：检测内容是否与创作者的历史风格一致。
- 时间行为分析：监测发布行为的时间模式（如批量、规律发布）。
- 互动质量评估：评估评论区互动的自然度和多样性。

平台的 AI 检测系统并非针对 AI 内容本身，而是针对低质量批量内容。只要你的内容有价值、有个性、有真实互动，即使有 AI 辅助，也很少会被系统针对处理。

（2）规避 AI 标记的具体策略

创作者在创作内容时，可以采取以下策略规避 AI 标记。

- 避免批量发布：将内容错开时间发布，避免明显的规律性。
- 保持账号一致性：确保新内容与你的历史风格和领域保持连贯。

- 交叉引用个人历史：在新内容中自然引用你过去的经历和内容。

- 培养真实互动：积极回复评论，建立真实的社区互动。

- 个性化视觉配合：确保配图和设计风格与内容匹配且具有个人特色。

我观察到一个有趣的现象，同样是 AI 辅助创作的内容，配上个人实拍图片的几乎从不被标记，而使用 AI 生成或网络图片的却经常被识别为"AI 内容"。这说明平台的检测是综合评估，而不是仅看文字。

（3）内容身份认证："三三法则"

确保每篇内容至少包含 3 个维度的身份认证元素。

- 个人独有经历：只有你才知道的具体事件或感受。

- 时间地域印记：特定的时间、地点和环境描述。

- 关系网络证明：与你生活中真实人物的互动或者交往经历。

① 个人独有经历的植入技巧

个人经历是最难被复制的内容元素，但怎么自然地植入而不显得刻意呢？其实用方法如下。

- 特定细节法：不要泛泛地说"我去过巴黎"，而是描述"站在埃菲尔铁塔下时，一位街头艺术家给我用粉笔画了一幅画，他居然用左手和右手同时作画"。这种非常具体的小细节，谁也编不出来。

■ 失败反思法：分享你在尝试某方法时的失败经历，越真实的挫折感越难模仿。例如，"我第一次尝试这个煎饼配方，面糊直接从锅里流到了灶台上，我的猫都被溅到了面糊，吓得躲了三天"。

■ 时间锚定法：将个人经历与特定时间节点锚定，如"2021 年居家期间，我开始研究这个护肤方法"，或者"上个月北京那场大暴雨的晚上，我正好试用了这款面膜"。

我发现，将这些经历放在内容的开头和关键转折点最有效，一篇内容放 2 ~ 3 处就够了，但一定要真实、生动、有细节。

② 时间地域印记的自然嵌入

时间地域印记不仅能增加真实感，还能建立与读者的地理和时间共鸣。其实用方法如下。

■ 季节气候关联：把内容和当下季节特点联系起来。例如，"这款保湿霜在北京干燥的秋季使用效果特别好，但南方的姐妹可能需要选择更轻薄的配方"。

■ 地域文化标记：加入只有特定地区的人才熟悉的小细节。例如，"住在五环外的我每天通勤要 2 小时，这款便携化妆品成了我在地铁上的救星"。

■ 时事软关联：巧妙提及近期发生的事件。例如，"正好赶上上周电影节，我穿着这套服装去看了首映"。

记住，地域标记要自然融入，像背景介绍一样，而不是生硬地塞进去。

③ 真实社交关系的小证明

社交关系证明能有效建立内容的真实背景，让人感觉"这是真人分享的真实生活"。其实用方法如下。

- 对话再现法：简短重现你和朋友、家人的对话。例如，"我妈看到我用这个方法做的红烧肉，震惊地说'你终于不是只会煮方便面了'"。

- 社交反馈引用：引用你分享方法后朋友的真实反馈。例如，"我在朋友群分享这个投资技巧后，已经有 3 个闺蜜跟着操作赚到了"。

- 角色比较法：把不同的人对同一产品的反应进行对比。例如，"我老公觉得这款洗发水太香了，但我女儿却爱不释手"。

那些包含小冲突或不完美反馈的描述反而更真实，更难以被编造出来。

④ "三三法则"的整合应用案例

下面以一个护肤测评为例，展示如何自然整合"三三法则"的各个要素。

未应用"三三法则"的内容如下。

> 这款烟酰胺精华液质地轻薄，吸收快速，使用后皮肤明显更加透亮，痘印有所淡化。性价比高，推荐使用。

应用"三三法则"后的内容如下。

> 上个月北京连续高温 40 度（时间地域印记），我的混合偏油皮几乎崩溃，额头油得能照镜子。老公看到我洗完脸 10 分钟后满脸油光，调侃说"你这是在脸上煎鸡蛋吗"（关系网络证明）。
>
> 我抱着试一试的心态入手了这款烟酰胺精华液。说实话，前三天并没有什么奇迹发生，我差点就放弃了——这已经是我今年第五个"踩雷"的精华液了（个人独有经历）。但坚持一周后，我发现 T 区出油速度确实慢了，即使在地铁早高峰的闷热环境里也能保持半小时不油光（时间地域印记）。
>
> 最明显的变化是前额的几个痘印淡了，连平时对我护肤成果零关注的闺蜜小李都在上周聚餐时主动问我用了什么（关系网络证明）。不过，我敏感的下巴区还是出现了一点刺痛，必须涂完立刻补水才行（个人独有经历）。

看出区别了吗？改写后的版本通过自然融入三种身份认证元素，让内容变得立体、生动，也更难被 AI 或其他创作者简单复制。读者能感受到一个真实的人在分享真实的体验。

2.5.6　AI 内容创作流程：人类智慧的结合

在掌握了提高内容原创度的各种技巧后，下面分享一个在实践中证明非常有效的内容创作流程，它能让你充分利用 AI 的效率，同时保持内容的独特性。

（1）定义个人风格蓝图

在开始大量使用 AI 之前，先明确自己的内容风格特征。

- 你说话的习惯和常用语。
- 你喜欢的叙事方式。
- 你独特的观点和价值观。
- 你表达幽默的方式。

把这些整理成一份"个人风格指南"，作为所有提示词的基础参考。

（2）建立标准的工作流

采用分层创作法，明确区分 AI 负责的部分和你亲自完成的部分。

- AI 负责层：基础研究、内容框架、初稿生成、事实核查。
- 人工负责层：选题决策、个人经历植入、关键观点表达、风格调整。
- 混合协作层：修改完善、多样化表达、细节丰富。

这种分层方法既发挥了 AI 的效率优势，也保留了内容的个人特色。

（3）建立个人素材库

创建并持续更新以下个人素材库。

- 经历素材库：记录你的有趣经历、失败教训、意外发现。
- 观点素材库：整理你对常见话题的独特看法。
- 表达素材库：收集你常用的表达方式和修辞手法。

你在创作时可以从这些素材库中抽取元素，"喂"给 AI，让 AI 学习，这样 AI 能大大提升你的内容的原创度。

第 3 章

AI 赋能变现：
让收入倍增的策略

3.1　变现路径：不同阶段账号的商业模式

> "我天天发笔记，粉丝也不少，但为什么钱包还是空的？"
>
> ——每一个努力创作却没能变现的小红书创作者

想象一下这个场景：你连续 3 个月创作内容，粉丝数量从 0 涨到了 3000 个，每篇笔记有上百人点赞，评论区粉丝互动也不少，但当你看向钱包时，却发现它依然和 3 个月前一样"干净"。

你可能遇到了以下典型的变现困境。

- 方向混乱："别人都说做小红书能赚钱，但到底怎么赚？带货、接单、开课，我该选哪个？"
- 盲目尝试："听说带货好，我就找了一堆产品来推广，结果一单没卖出去……"
- 不敢开口："有品牌来找我合作，但我不知道该要多少钱，怕要高了吓跑对方，要低了亏了自己。"

- 时机错误："刚起步就急着变现，结果粉丝流失过半，现在既没粉丝又没收入。"
- 单一收入："好不容易接到一个商单，但是一个月只有这一单，收入不稳定，也没有其他收入来源。"

学员小 D 在达到可以带货的基本要求以后，迫不及待地开始带货，结果 3 个月只卖出去 5 件产品，佣金加起来还不够吃一顿火锅。后来，她发现自己的粉丝大多是来学做菜的学生，消费能力有限，但是自己推广的厨具动辄几百元，与这个消费群体根本不匹配。

所以，你在变现时到底遇到什么问题？传说中的"低粉高变现"到底怎么实现。

3.1.1 变现第一步：找到你的"钱途"

在讲具体的变现方法前，先要搞清楚一个核心问题：现在你的账号处于哪个阶段？每个阶段适用的变现方式完全不同！

（1）萌芽期（0 ~ 3000 个粉丝）：不同于你想象的变现起点

这个时期具有以下典型特征：

- 粉丝数少，但增长有潜力；

- 互动率可能不错（10% ~ 30%）；
- 内容风格和定位还在摸索中。

错误变现尝试：急着开店、接"烂商单"、随意带货。这时候处于账号的"调性培养期"，如果粉丝对你失望，那相当于前功尽弃，你的账号可能就此终结了。

最佳变现路径：在一开始接广告时，不要植入得太"硬"。你可以在内容中自然提及某些产品（不带链接），观察评论区的反应。或者邀请粉丝参与内容里的一些决策，你可以在评论区多提问，与粉丝互动一下，对以后提升粉丝黏性也有很大的好处。

我自己就会时不时地用账号提问："你觉得我应该分享哪些方面？"最高的一次收到了 600 多条真实需求反馈，我根据这些反馈写了分享，内容非常精准，粉丝黏性也非常高。

（2）成长期（3000 ~ 20000 个粉丝）：初尝变现甜头的黄金时期

这个时期具有以下典型特征：

- 有一定的粉丝基础；
- 内容风格逐渐稳定；
- 与粉丝建立了初步的信任关系。

最佳变现路径如下。

- 低价值测试：推出小型低价数字产品（如电子书、

指南)。

- 定向带货：基于粉丝的明确需求推荐相关产品。
- 小型商务合作：接受小品牌的软性推广（确保与内容高度相关)。
- 技能服务：提供与内容相关的一对一服务。

一般来说，定向推广产品会比你盲目接商单的收入稳定得多，而且完全不伤害粉丝的信任。我一直建议所有的创作者爱惜羽毛，不要为了小额商单伤害到自己 IP 的长期收益。

下面这位拥有 5000 多个粉丝的小红书博主已经推出了自己的服务，有了精准客户（见图 3-1)。

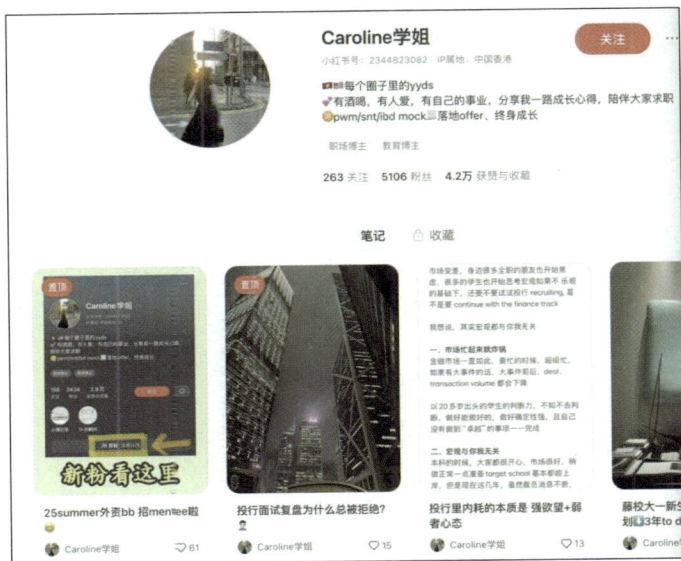

图 3-1　处于成长期的小红书博主

（3）稳定期（2 万 ~ 10 万个粉丝）：多元变现的最佳时机

这个时期具有以下典型特征：

- 拥有稳定的粉丝群体和互动；
- 内容质量和特色已经形成；
- 行业内小有名气。

最佳变现路径如下。

- 个人产品：推出系统化的付费内容或服务（课程、社群）。
- 定制商单：与品牌深度合作，按自己的风格创作（不是按甲方要求）。
- 系统带货：建立完整的产品推荐体系，形成持续收入。
- IP 授权：将你的内容或形象授权给相关品牌使用。

这个时期属于爆发增长期，你的内容调性和根基已经奠定了，并且也有一小群紧紧跟随自己的粉丝。而你的课程产品，一般都已经能卖到几百元甚至几千元的客单价。

下面这位拥有 7 万多个粉丝的小红书博主就有了稳定的变现渠道，其推广产品的变现力比接广告要高很多（见图 3-2）。

图 3-2　处于稳定期的小红书博主

（4）爆发期（粉丝数量在 10 万个以上）：系统化商业模型的构建

这个时期具有以下典型特征：

- 拥有大量粉丝和较高知名度；
- 内容影响力和转化能力强；
- 有明确的个人品牌定位。

最佳变现路径如下。

- 品牌化运作：将个人 IP 升级为品牌，推出自有产品线。
- 高端合作：与大品牌建立长期战略合作关系。
- 多元业务："线上＋线下""内容＋产品＋服务"的综合变现。
- 构建团队：从个人创作者升级为内容创业公司。

转型示例：美妆博主琳琳从拥有 20 万个粉丝的个人账号，发展为拥有自己彩妆品牌的创业公司。她的变现方式从最初的接单赚佣金，变成了粉丝买她自己的产品，年收入从不稳定的十几万元变成了稳定的百万元级别。

3.1.2　用 AI 找专属变现路径的 3 步法

我们经常会遇到这些状况：看到别人很赚钱，但自己不知道怎么操作；自己预期的产品卖不出去；产品做不出来……本节就来讲述怎样用 AI 帮助你找到最适合自己的"钱途"。

（1）账号体检——了解你的真实变现潜力

使用以下简单提示词，AI 就能帮助你诊断账号的状况。

AI 助手，我想了解我小红书账号的变现潜力。

我的情况如下。

- 粉丝数：[填写你的粉丝数]
- 内容领域：[美妆/旅游/职场等]
- 平均互动率：[点赞数 ÷ 浏览数]
- 粉丝特征：[年龄/性别/兴趣等你了解的信息]
- 目前尝试过的变现方式和效果：[简单描述]

请分析以下问题。

- 我的账号处于哪个发展阶段？
- 我现在的变现方式是否合适？
- 基于我的情况，最适合我的 2 ~ 3 种变现方式是什么？
- 给我一个循序渐进的变现计划。

如果你不确定自己的粉丝画像，就可以发起一个简单的投票或在评论区提问，了解粉丝的基本情况。把这些内容输入 AI，你就会获得惊喜。

很多人以为有了 AI 就万事无忧，但实际上，AI 依然是需要学习的，给 AI 的数据也是需要经过处理的。换句话说，使用 AI，更需要你"动脑子"。

（2）变现匹配——找到最适合你的"钱途"

不同类型的内容适合不同的变现方式，你可以用 AI 帮助自己做精准匹配。

基于我的账号分析，请帮助我详细评估以下变现方式的适合度（1 ～ 10 分）：

- 品牌合作 / 商务单子；
- 内容付费（课程 / 社群 / 咨询）；
- 电商带货；
- 个人 IP 产品；
- 知识付费；
- 技能服务。

对每种方式，请告诉我：

- 为什么适合 / 不适合我？
- 如果选择这条路，我需要做哪些准备？
- 预计多久能看到明显的收入？
- 成功案例和可能的"坑"。

（3）行动计划——从 0 到 1 的实操指南

知道了适合自己的变现方式，接下来就是具体怎么做。

我决定尝试［你选择的变现方式］，请给我一个详细的 30 天行动计划。

- 第 1 ～ 10 天：需要做什么准备工作？

- 第 11 ~ 20 天：如何测试市场反应？
- 第 21 ~ 30 天：如何优化和扩大效果？
- 需要用到哪些工具 / 平台？
- 如何评估成效？
- 有什么常见错误需要避免？

一般来说，AI 给出的建议为参考，能让你在一开始减少"决策内耗"，但可能并不符合你的真实情况。所以，最重要的还是主动思考：你能提供什么产品？你愿意提供什么？

在大多数情况下，"能做到"比"做到最好"更重要。

3.1.3 高客单价知识付费的成功要素

想要卖高客单价的产品或服务，但担心粉丝不愿意掏钱？不知道怎样让自己的产品更有价值？俗话说得好，谁都想做高客单价的生意，但很多人都不知道怎么做。所以，本节就向大家介绍做高客单的本质。

（1）解决刚需，而非一般需求

刚需是人们必须解决的问题，就像肚子饿了必须吃东西，病了必须看医生，车坏了必须修理……这些需求不解决就会带来明显的痛苦或损失，人们愿意优先投入金钱解决，甚至不太在乎价格。

一般需求则是生活可以改善但不解决也没关系的事情。例如，想买一件新衣服改善形象，想学一种乐器丰富生活，想换一台更好的电视提升体验……你可能想买，但会货比三家，或者拖一拖，拖着拖着就不买了。

想象一下，你的手机突然坏了，你明天有重要会议需要接电话。这时，你会不惜一切代价马上买一个新手机，对吧？这就是刚需。而看到朋友有了新款手机壳，你觉得好看，想买一个，这就是一般需求。

高价产品想卖出去，必须同时满足以下三点：

- 小众：面向特定人群，减少直接竞争；
- 刚需：解决不可回避的问题；
- 精细需求：解决得比通用方案更精准、更深入。

简单地说，高价产品要解决特定人群的不得不解决且普通方案解决不好的问题。

这句话可能有点拗口，接下来讲一个案例。

在美业，有一个服务叫"特殊肤质医疗级护肤方案"，我有 20 多位做美业的客户和学员，找到我都是为了主推这个业务。高客单价是每个疗程可达 5000 ~ 20000 元，至少需要连续 3 个疗程。受众是严重敏感肌或特应性皮炎患者（小众）；他们的皮肤问题影响日常生活和社交，必须解决（刚需）；他们要的不是普通护肤品，而是针对特定皮肤状况的专业方案（精细需求）。

结合这个案例，再把上面那句话读一遍：高价产品要解决特定人群（严重敏感肌或特应性皮炎患者）的不得不解决（影响生活）且普通方案解决不好的问题（正常普通护肤无解）。

再看留学行业，新东方帮助学生申请学校的服务费在每人 2 万 ~ 5 万元，看上去客单价已经很高。但是，高端留学的客单价每个项目可达 5 万 ~ 15 万元、受众是冲刺世界前 20 名校的学生（小众），录取对他们来说直接影响未来 10 年的发展（刚需），并且这种申请不是通用申请指导，而是针对特定学校、专业的深度申请策略（精细需求）。

我们的学员袁老师（见图 3-3）在小红书上已经引流了几十个有高端留学需求的客户。而且，关于这种高端需求，对方需要的重点是结果，看你能不能解决问题。

图 3-3　学员袁老师的小红书账号

高客单价产品要解决的是"不得不解决"且"普通方案解决不了"的问题，这样客户才愿意花大价钱购买你的专业服务或产品。包括我们自己的服务，2024 年我们成交了一个 150 万元的知识付费合作项目，在知识付费这个领域算是超高客单价了，但重点其实并不是收了多少钱，而是客户为什么愿意付款。

这个合作之所以能够达成，正是因为我们精准地解决了客户的刚需：他们有一支非常专业的团队，拥有极其宝贵的行业知识，却苦于不知如何将这些专业知识转化为可持续的商业模式。这对他们来说是一个必须解决的问题，关系到团队的长期生存和发展。

市面上有很多通用的知识付费课程和顾问服务，但没有一个能满足他们特殊行业的独特需求。我们不仅提供了知识付费的方法论，更为他们量身定制了完整的商业模式转型方案，从内容架构、产品设计到营销策略，全方位解决了他们的痛点。

我们指导的学员也是做高客单价的产品和服务。很多学员原本在提供 1000 ～ 2000 元的普通服务时举步维艰，但当他们学会识别和满足目标客户的刚需后，同样的专业技能却能卖出 3 万～ 5 万元的价格，而且客户满意度更高。

其中一位学员原本是心理咨询师，每小时收费 200 元，收入微薄。在我们的指导下，她转向为企业高管提供专项服务"领导力心理资本提升"，客单价提升到了每期 3.8 万元。因为她解决的不再是一般的心理困扰，而是直接影响职业生涯和团队绩效的关键心理障碍。

这不只是商业策略，更是一种价值观——真正的高客单价服务应该创造与价格相匹配的高价值。我们始终相信，找到并解决客户的刚需，提供他们无法从其他地方获得的独特解决方案，是商业的本质，也是道德的选择。

如果你正在思考如何提升自己服务的价值和定价，就记住这句话：重点不在于你能提供什么，而在于你能解决什么——那些特定人群真正迫切需要解决且普通方案无法解决的问题。当你聚焦在这一点时，高客单价就不再是销售技巧的问题，而是价值匹配的自然结果。

（2）设置合理的阶梯价格策略

阶梯价格策略就是为同一类产品或服务设置不同价格档次，让客户在多个选择中做决定，而不是在买与不买之间做决定。

三级定价法是最常见且有效的阶梯价格策略，通常包括以下方面。

- 低价选项：入门级，基础功能，吸引对价格敏感的客户。

- 中价选项：最佳性价比，通常是你真正想卖的主打产品。

- 高价选项：豪华版，更多高级功能，提供价格锚点，让人觉得"中间价格的真便宜"。

心理学原理：有了对比，中间价位显得更加合理，大多数人会选择标准款。

假设你正在销售一个写作课程，现在有以下几个选择。

- 基础版：998 元，包含基础写作课程视频和简单指导。
- 专业版：2998 元，包含基础课程＋实战训练＋社群互动＋每周点评。
- VIP 版：9998 元，包含专业版全部内容＋一对一指导＋项目孵化。

在这个例子中，专业版是你真正想卖的产品。基础版价格也不低，会让人觉得专业版加价了，但量更大，而 VIP 版则是为了让专业版看起来值。

有些产品的存在纯粹是为了让其他产品看起来更有吸引力。就比如，苹果公司一开始推出了大概 4000 元的 iPad mini，大家都说："疯了吧，iPhone 也就 5000 多元，还不如买手机！"某种程度上，这是让一开始没计划买 iPhone 的用户不知不觉间觉得"手机的性价比这么高，买一个吧"。

所以，在销售知识付费和服务类产品时：

- 低价产品可以设计得"刚好不够用"，激发客户升级的欲望；
- 中间产品要有足够的实用价值和情感价值；
- 高价产品要体现稀缺性和个性化，比如一对一服务、定制方案等。

阶梯价格策略的核心不是让客户选择最贵的那个，而是引导他们选择你真正想卖的那个产品。有了参照物，客户就会觉得自己做出了明智的选择，而不是被迫接受了高价。

（3）解决特定群体具体的高价值问题

高价值问题通常具有以下 3 个特点。

- 影响重大：直接关系到客户的收入、健康、事业发展或核心痛点。
- 解决困难：客户自己难以解决，需要专业知识或系统方法。
- 有时间性：问题解决有明确的周期和可见的结果。

案例 1：创业者的营收问题。

- 问题：企业营收遇到瓶颈，增长停滞。
- 高价值体现：每个月可能损失数十万元甚至数百万元的收入机会。
- 解决周期：3 ~ 6 个月系统咨询和实施。
- 服务定价：15 万 ~ 30 万元（相比潜在收益增长是很小的投资）。

案例 2：职场人士的职业晋升。

- 问题：职场瓶颈，想突破当前薪资天花板。
- 高价值体现：晋升后每年可增加 10 万 ~ 30 万元收入，长期累积价值巨大。
- 解决周期：6 个月体系化职业提升课程＋实战项目。

- 服务定价：1 万～ 3 万元（相当于未来收入增长的一小部分）。

案例 3：创作者的粉丝变现（这是我们从事的领域）。

- 问题：有粉丝，但不知如何有效变现。
- 高价值体现：建立可持续商业模式，每月收入稳定增加。
- 解决周期：3 个月从内容策略到变现体系建立。
- 基础服务定价：3 万～ 10 万元（相当于做成之后，1 ～ 2 个月的变现收益）。

当你能清晰说明客户将获得的具体结果时，价值感最直接，如"这个课程将帮助你在 3 个月内将销售额提升 30%""我们的服务能让你在 6 个月内建立年入百万元的个人 IP"。而这种结果必须有明确数字、有确定时间，并且能被客户直观感知。

高客单价成交的核心是让客户明白：这不是一笔花费，而是一笔投资，并且是一笔回报丰厚的投资。当你能够清晰展示这一点时，价格就不再是问题了。

3.1.4　变现失败的 4 大原因

我做与线上流量相关的项目已经 8 年了，根据我的观察，创作者变现失败的原因有很多，最常见的主要有 4 大类。

（1）操之过急：还没建立信任就想收钱

这种主要体现在刚开始发内容就满屏带货链接，导致观众非常厌烦，人设还没搭起来就塌了。

我一直认为，博主接广告被骂，一定是博主的问题。原因很简单：你改变不了观众，就只能改变自己，想办法怎么让观众接受自己。

解决方案在内容配比上。我们做内容时会遵循 3:6:1 的"黄金法则"：3 成内容建立专业度，6 成内容解决实际问题，1成内容才涉及带货或服务。这样尽管短期的营销会少，但会建立长期的好感，粉丝黏性更强，生存时间也更长。

在我真正从幕后操盘手走到台前做 IP 的 4 年里，无数的知识付费"大 V"崩塌，但我们没有怎么受到影响的原因，就是我们用长视频建立了内容护城河。关于这一点，我在 5.1.2节有详细分析。

（2）目标错位：粉丝特征与变现方式不匹配

这种体现在向学生粉丝推荐高价产品，或向中年粉丝推荐潮流单品。

以前，我有学员想卖定价 8000 元以上的情感产品，但内容都是"如何吸引男生注意""分手如何自我疗伤"等，关注者全都是大学生。尽管她的内容互动不错，粉丝增长也很快，但变现效果极差。大学生普遍经济能力有限，即使他们对情感问题非常关注，也付不起这个钱。这就像在沙漠里卖雨伞，产品再好也找不到买家。

为了避免目标错位，我们先确定变现方向，再匹配内容策略。例如，你想卖高客单价的情感课程，就应该吸引有经济基础的职场人士，选题可以是"如何在职场中建立高效的人际关系""忙碌工作中如何维持高质量婚姻"等。很多人一开始只关注内容热度和涨粉速度，选择容易火爆的话题，却没有考虑这些粉丝未来的购买力和消费意愿。在起号期间，你也可以借助 AI 分析自己的粉丝画像，明确他们的实际消费能力和消费偏好。

记住这条"黄金法则"：内容吸引谁，谁才是你真正的客户。不管你打算卖什么，首先你要确保自己的内容正在吸引能够并愿意为此付费的人群。把精力放在吸引真正的潜在客户上，而不是徒增一堆只会点赞、不会付费的"僵尸粉"。

（3）价值不清：粉丝不知道为什么要为你付费

很多人吸引了一些粉丝关注，就迫不及待地发布"我开课啦""新品上线啦"的推广内容，却没有清晰地传递产品能为用户解决什么具体问题，带来什么实际价值。粉丝们纷纷划过这些内容，心想："这和我有什么关系？"

就像你的朋友突然对你说"我在卖保险"，但没告诉你这些保险能帮助你解决什么问题，你自然不会买。我一般把这种行为叫作"自嗨"，自己觉得产品价值明显，但用户并不这么认为。

我们的学员李老师一开始在小红书上分享育儿知识，积累了 2 万个粉丝。当她推出 399 元的"科学育儿课"时，只有不到 10 人购买。

刚咨询我时，她一直义愤填膺地跟我说"自己的课很有价值"。但是，我发现她只简单介绍了课程有 8 节课、包含哪些模块，却没有清晰说明这个课程能解决家长们的什么具体困扰，也没说明学完后孩子会有什么变化，甚至没提为什么要花399 元买她的课而不是看免费内容……

我是这样帮助她重新定位产品价值的。

改进前："科学育儿课，8 节课全面讲解育儿知识。"

改进后："解决 2 ~ 5 岁孩子叛逆期的育儿焦虑，7 天见效的温和沟通法，已帮助 500 多个家庭实现不吼不叫也能让孩子主动配合，妈妈们省一半的心。"

结果是同样的课程内容，价格提高到 599 元，一周内卖出了 80 份，收入是之前的 12 倍！

明确的问题＋具体的解决方案＋可见的结果＝愿意付费的客户

在推广任何付费产品前，先问自己 3 个问题。

- 我的产品解决了用户的什么痛点？
- 用户购买后能得到什么改变？
- 为什么用户应该选择我，而不是选择其他？

只有当粉丝清楚地知道"为什么要为你付费"时，他们才会心甘情愿地掏出钱包。价值不清，再多粉丝也难以变现。

（4）缺乏系统：把变现当成偶然而非必然

很多人即使变现了，也把变现视为一种运气或偶然，而不是通过系统化方法实现的必然结果。他们发一篇笔记火爆了，突然有品牌找合作了，就觉得："哇，我赚钱了！"但没人知道下一次什么时候能赚钱。这种"等待好运"的变现方式，让变现变成了一场碰运气的游戏。

这就像种地不遵循农时，不系统施肥灌溉，只是期待天上下雨，偶尔有收成就欣喜若狂，但永远无法预测下一次丰收是什么时候。这种现象包括但不限于：内容发布完全靠灵感，没有规律；商业合作全靠品牌主动联系；带货产品随机选择，没有测试逻辑；没有自己的产品或服务体系……

成交闭环就是解决这个问题的关键。它不是单一的技巧，而是一条精心设计的'红毯'，引导粉丝从关注你、信任你到最终心甘情愿为你付费。

成交闭环的关键是打通公域和私域的转化流程。在这里，我给大家分享一个关于公域和私域的例子，帮助你更好地理解这两个概念。

公域内容就像你的店面装潢和招牌菜，它们需要足够吸引人，关键不在于标题多吸引，而在于能否解决真正的痛点。记住，好的内容应该让读者看完后想"这个人真懂我"，而不只是"这个人真厉害"。

在内容末尾，你需要设置一个自然的"下一步"。就像电影结束时的彩蛋，给观众一个继续关注的理由。你可以说："我把详细步骤整理成了一份指南，想要的朋友可以评论'需要'。"这个小小的"钩子"往往能带来惊人的转化率。

而把粉丝引导到私域这一步非常关键，需要足够的吸引力和信任度。这部分用一个"钩子"可以解决。你不要说"想了解更多，可以加我微信"，而是"我整理了×××清单，加我微信，免费领取"。人们加你微信不是因为你有多好，而是因为他们能得到什么。给予先于索取，这是亘古不变的道理。

但还是有很多人的成交全靠缘分，私域引流全靠自己能不能看得到后台信息……这不叫线上生意，而是叫"闹着玩儿"。

另外，任何系统都需要不断优化和调整。我喜欢用"园丁思维"形容这个过程——播种、浇水、修剪、施肥，周而复始，让你的成交系统越来越健壮！

3.2　种草带货优化：AI 辅助提升转化率的产品推荐体系

"为什么有些博主随便发一个产品链接都能卖爆，而

> 我精心拍摄的种草笔记却无人问津？"
>
> ——众多带货转化率不到 1% 的小红书创作者

你是否曾经有过这样的经历？花了一整天拍产品、写文案、配图片，满怀期待地发布带货笔记，结果零销量、零佣金，甚至连互动都少得可怜……

在小红书上，不乏数以千万计的产品分享博主，有很多人也是从种草开始起步的。除了知识付费以外，种草也是小红书博主变现的主要方式。

那么，这些带货困境，你中了几个呢？

- 链接很多，转化为零：发了 10 篇带货笔记，挂了 20 个产品链接，却一单都没成交。
- 价格纠结症：不知道该选高价高佣的产品还是平价爆款产品，最后两头都不讨好。
- 真心推荐却被骂做广告：明明是你自己掏钱买的好东西，真心推荐，却被粉丝质疑"收钱了吧"。
- 从众选品陷阱：看到别人带什么就跟着带什么，结果发现市场已经饱和。
- 表面火爆，内里惨淡：笔记的互动率高，但就是无法转化为购买。

很多人都把种草的重点放在了产品上，但真相是"产品只是冰山一角"。

为什么很多人带货失败？因为他们只关注了产品是什么，而忽略了更重要的 3 个问题。

- 价值证明：为什么要买？
- 紧迫感：为什么现在买？
- 信任建立：为什么从你这里买？

例如，两位美妆博主同时推荐一款售价 300 元的精华液，A 博主直接发产品链接，加上推文"这款精华液很好用，推荐入手"，能卖出 2 瓶；B 博主展示使用一个月的肤质变化，详细解释成分及原理，并提供 3 种不同肤质的使用建议，就能卖出 200 瓶。

3.2.1　AI 辅助种草体系的 4 大核心环节

（1）智能选品：找到最适合粉丝的产品（转化基础）

盲目跟风热门产品是带货失败的第一步。AI 可以帮助你找到真正适合粉丝的产品。

① 粉丝与产品的匹配度分析

用这个 AI 提示词分析你的粉丝与产品的匹配度。

请分析我的粉丝特征与该产品的匹配度。

我的粉丝画像：

- 年龄 / 性别分布：[填写]

- 消费能力：［填写］
- 主要关注内容：［填写］
- 常见互动问题：［填写］

目标产品：

- 产品名称与价格：［填写］
- 目标用户群：［填写］
- 主要卖点：［填写］
- 市场竞品情况：［填写］

请评估以下方面：

- 匹配度评分（1 ~ 10 分）；
- 最可能购买的粉丝子群体；
- 最有可能吸引粉丝的 3 个产品卖点；
- 可能存在的购买障碍；
- 提高匹配度的建议。

② 智能比较选品法

当面对多个同类产品无法抉择时，AI 可以帮助你做理性分析。

请对比以下［2 ~ 3］个同类产品，分析哪个更适合我的粉丝。

- 产品 A：［描述］
- 产品 B：［描述］

- 产品 C：［描述］

我的粉丝特点：［描述］

请从以下维度分析：

- 性价比对比；

- 与我粉丝的契合度；

- 推广难度；

- 佣金收益；

- 长期复购可能性；

- 最终推荐与理由。

（2）信任建立：从可疑广告到真诚推荐（转化关键）

产品选对了，接下来的关键是建立信任。如何避免被贴上"硬广"的标签呢？

① 真实体验铺垫

使用 AI 生成真实可信的使用体验框架。

请帮助我设计一个真实可信的产品体验分享框架。

产品：［产品名称］

我的真实感受：［简述你的真实体验］

请提供以下内容：

- 如何自然引入这个产品（不像广告的开场）；

- 应该分享的 3 ~ 5 个使用细节（增加真实感）；

- 如何诚实分享产品的缺点（建立信任）；

- 哪些个人小故事可以融入（增加共鸣）；
- 如何区分适合和不适合的人群（显示客观）。

② 对比测试可信度

AI 可以帮助你设计最有说服力的产品对比。

请设计一个有说服力的产品对比测试。

目标产品：［产品名称］

竞品：［竞品名称］

我想证明的优势：［优势点］

请提供以下内容：

- 3 ~ 5 个客观公正的测试维度；
- 每个测试的具体方法（可拍照记录的）；
- 如何避免主观偏见；
- 适合的结果呈现方式；
- 如何处理目标产品的劣势项。

（3）内容结构：从随意发布到转化漏斗（系统优化）

很多创作者的带货内容结构随意，缺乏系统性。AI 可以帮助你设计完整的转化漏斗。

① 四段式种草结构

最有效的种草内容遵循特定结构，AI 可以帮助你设计。

请帮助我设计一个高转化率的种草内容结构。

产品：［产品名称］

目标群体：［目标用户］

主要卖点：［核心优势］

请按四段式结构设计：

- 开场痛点（如何引起共鸣）；

- 产品介绍（如何自然过渡）；

- 使用证明（哪些证据最有说服力）；

- 行动指引（如何无压力引导购买）。

② 转化率优化公式

针对已发布但转化率低的种草内容，AI 可以帮助你诊断问题。

请分析我的这篇带货内容，找出转化率低的可能原因。

［贴上你的种草内容］

请诊断以下问题：

- 痛点描述是否足够强烈；

- 产品与痛点的联系是否紧密；

- 使用证明是否具体可信；

- 购买引导是否自然流畅；

- 可能的购买阻碍是什么；

- 三个最需要优化的点。

（4）视觉呈现：从平淡展示到购买欲触发（感官刺激）

在小红书这样的视觉平台上，产品的呈现方式直接影响购买欲望。AI 可以帮助你优化视觉策略。

① 欲望触发画面设计

使用 AI 规划最能引发购买欲望的视觉内容。

请帮助我设计能触发购买欲望的产品视觉呈现方案。

产品：[产品名称]

目标受众：[目标群体]

我的拍摄条件：[可用设备、场景等]

请提供以下内容：

- 封面图的最佳呈现方式（构图、色调、文字）；
- 3 ～ 5 个最具说服力的产品展示角度；
- 如何展示产品的使用效果 / 前后对比；
- 哪些细节特写最能打动人；
- 如何自然融入使用场景。

② 行动引导视觉优化

AI 可以帮助你设计更有效的行动引导视觉元素。

请设计能增强购买行动的视觉引导元素。

产品：[产品名称]

内容形式：[图文 / 视频]

现有问题：[购买链接的点击率低]

请提供以下内容：

- 购买链接的最佳呈现位置和方式；

- 如何使用视觉元素引导注意力；

- 哪些视觉提示能增加紧迫感；

- 如何在视觉上解决常见购买顾虑；

- 适合的视觉行动号召设计。

3.2.2 种草失败的 5 大致命错误

（1）堆砌卖点，而非讲故事

这种错误主要表现在罗列产品参数和官方宣传语，缺乏个人使用故事，这会让人觉得非常假。例如，你想要推销一款刀具，与其用"德国不锈钢材质，硬度高达 58HRC"这样的参数堆砌，不如改为"切了一整天的菜，刀依然锋利如新，婆婆都要跟我借"的故事化表达，这样你的转化率和关注度一定提升。

但很多时候，我们即使用过产品，也不知道怎么写故事。在这部分，我们也可以用 AI 辅助，具体的 AI 优化方法如下。

请帮助我将以下产品卖点转化为个人使用故事。

［产品卖点］

具体要求如下：

- 创建一个日常场景作为故事的开端；

- 融入使用过程中的小细节；

- 添加真实的情感反应；

- 以解决问题的结果结尾。

（2）只推荐，不解决实际问题

只介绍"买什么"，不解决"怎么用"的问题，这样会让用户觉得"没有得到想要的价值"。AI 解决方案如下。

请帮助我设计一个小红书文案，强调产品能解决的实际问题，以用户的痛点为出发点，要让用户看完觉得有价值。

［产品名称］

请提供以下内容：

- 用户使用这类产品的 3 个常见问题；
- 每个问题的详细解决方法；
- 如何在解决问题的过程中自然融入产品；
- 解决前后的对比效果展示方式。

（3）缺乏真实的使用证据

我记得有段时间"开箱视频"很火，搞到产品开箱就算介绍完了，没有使用过程和效果的真实证明。这段时间，这类开箱视频的数据都下来了。所以，你在做内容时，一定要加入真实的使用证据，也就是表达你用这个产品的真实感受。你也可以用 AI 建立初始的"使用证据"，参考提示词如下。

请帮助我设计这款产品的真实使用证据展示。

［产品名称和类型］

请提供以下内容：

- 需要记录的使用时间节点；
- 哪些前后对比最有说服力；
- 应该展示的使用细节特写；
- 如何用数据量化使用效果；
- 记录使用过程中的意外发现。

（4）忽视粉丝的实际痛点

这种错误主要表现在推荐自己认为好的产品，而不是解决粉丝真正关心的问题，也就是我们平时经常说的"自嗨"。我们可以去爆款笔记或自己以前内容的评论区找用户痛点，其中会有很多真实评价（见图 3-4）。

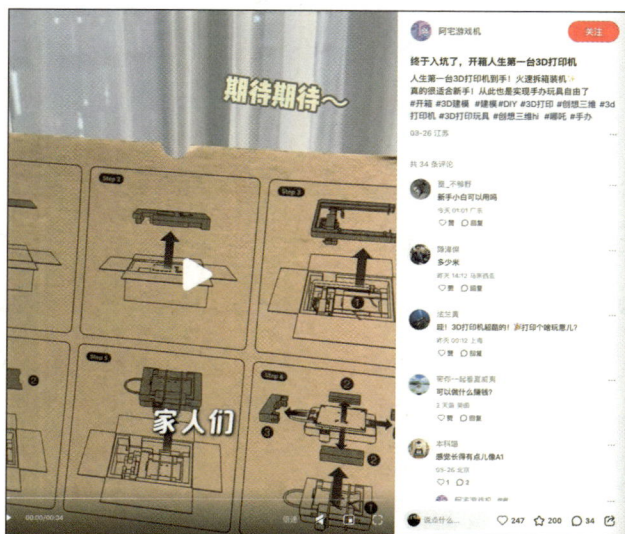

图 3-4　小红书爆款笔记下面的真实评论都是用户的真实想法

如果我们觉得吃力，就可以把评论区的评论交给 AI，让它帮助做系统化分析，具体方法如下。

请分析我的粉丝评论，找出与这款产品相关的潜在痛点。

［粘贴一些粉丝评论］

［产品信息］

请帮助我分析以下问题：

- 提取评论中最常提到的 3 ~ 5 个痛点；

- 这款产品能解决哪些痛点；

- 如何在内容中直接回应这些痛点；

- 针对每个痛点的最佳表达方式。

（5）销售感过强

很多人在视频里频繁使用"抓紧下单""速来"等营销词汇，催促观众购买。在现在的环境中，大家只会越来越烦。我们可以使用 AI 自然引导法加以改善。

请帮助我改写以下带有强销售感的文案，使其更自然。

［原文案］

具体要求如下：

- 移除所有紧迫感词汇；

- 用个人使用体验替代促销语；

- 转用"如果你正好需要"的条件式表达；

- 添加"适合的人 / 不适合的人"的客观说明；

● 使用提问而非命令引导行动。

3.2.3 超高转化的产品文案公式

（1）PSPAS 五段式高转化文案

核心结构如下。

Problem（问题）→ Solution（解决方案）→ Proof（证明）→ Action（行动）→ Scarcity（稀缺性）

这就像一部好电影的结构：先展示主角的困境，然后出现解决方法，接着证明方法有效，再引导观众采取行动，最后告诉他们"机会有限，请抓紧"。

我们可以看一个生活中的案例。想象你是一位妈妈，正在为孩子挑食的问题发愁。真正能打动你的文案是下面这样的。

第一段，Problem（问题）。

> 每到吃饭时间就头疼？孩子看到蔬菜就摇头，挑食问题让你焦虑又无奈。你担心影响孩子的健康成长，甚至影响身体发育？我懂这种感受，因为我的孩子曾经也是这样……

这一段直击痛点，让妈妈们感到"这就是我现在碰到的问题，这个人懂我"。

第二段，Solution（解决方案）。

经过两年研究和 100 多个家庭的实践，我开发了"趣味营养餐"方法，通过特殊的食材搭配和有趣的呈现方式让孩子主动爱上蔬菜。这套方法不需要强迫，不用哄骗，而是转变孩子对食物的认知……

这一段提供希望，告诉妈妈们"有解决方法，而且听起来很合理"。

第三段，Proof（证明）。

张女士的儿子小明曾经连胡萝卜都不碰，使用我的方法 2 周后，现在主动要求吃蔬菜沙拉。李女士说："以前餐桌就是战场。现在吃饭成了全家最轻松的时光。"实际上，93% 使用这个方法的家庭，孩子的饮食习惯在 1 个月内有了明显的改善……

这一段通过真实案例和数据证明方法有效，建立信任感。

第四段，Action（行动）。

我把这套方法整理成了"21 天改变挑食习惯"课程，包含 30 多个食谱、15 节视频课和专属社群指导。点击下方链接，立即加入我们，一起轻松解决孩子挑食的问题……

这一段明确告诉读者下一步该做什么，去掉决策障碍。

第五段，Scarcity（稀缺性）。

> 为了确保服务质量，本期仅限 50 个家庭参与。首批加入的家庭，还可获得价值 399 元的一对一饮食咨询。已有 35 个名额被预订，抓紧最后的机会……

这一段创造紧迫感，促使犹豫不决的人立即行动。

整个文案要像朋友间的真诚对话，而不是硬邦邦的销售话术。这不只是一段纸面上的文案，更是一种深入理解用户、解决问题并有效沟通的思维方式。无论是写朋友圈推广文案、小红书笔记还是课程介绍，这个结构都能帮助你大幅提升转化率。了解原理以后，我们也可以用 AI 辅助生成框架，然后修改和润色。

请使用 PSPAS 五段式结构，为以下产品创建高转化文案。

产品：[产品名称]

目标受众：[受众描述]

核心卖点：[主要优势]

请按以下结构创建文案。

- Problem：描述目标受众的痛点问题。
- Solution：介绍产品如何解决这个问题。
- Proof：提供证据证明产品有效。
- Action：自然引导购买行动。

- Scarcity：创造合理的稀缺感或紧迫感。

（2）BAB（Before-After-Bridge）公式

核心结构如下。

Before（之前的困境）→ After（使用后的理想状态）→ Bridge（如何从前者到达后者）

这是我最喜欢的一个公式了。它之所以有效，是因为它直击人类最基本的欲望——改变现状，追求更好的生活。它不是在卖产品，而是在卖"转变"和"改善"。相比 PSPAS 五段式，BAB 公式更加简洁，几乎适用于任何长度的文案。无论是朋友圈的一段话、小红书的标题，还是一篇完整的销售广告词，BAB 公式都能让别人记住你。

虽然 BAB 公式很简单，但要想把文案写好，也需要抓住以下几个关键点。

① Before 部分的"黄金法则"

真实描绘用户当下的困境，用他们自己的语言描述他们的内心独白。记住，痛点越具体，共鸣越强烈。不要说"你可能遇到了育儿困难"，而要说"当你第三次重复同一句话，孩子依然充耳不闻时，那种无力感几乎要把你压垮"。

② After 部分的关键

不只是描述表面结果，更要描述情感变化和生活改善。例如，不只是"减肥 10 斤"，而是"穿上两年前的牛仔裤，收获朋友羡慕的目光，自信心爆棚"，让读者能真切感受到那种"我也想要这样"的渴望。

③ Bridge 部分的制胜点

提供清晰、可信的转变路径，消除疑虑。例如，"通过我开发的 5 步法，即使你以前尝试过多种减肥方法都失败了，也能在 42 天内看到明显的变化"。记住，越具体越可信。

我们也可以用 AI 辅助生成。

请使用 BAB 公式为这款产品创建种草文案。

产品：［产品名称］

受众痛点：［痛点描述］

产品效果：［效果描述］

请按以下结构创建文案。

- Before：生动描述使用产品前的困境和感受。
- After：描绘使用产品后的理想状态和体验。
- Bridge：解释这款产品如何让人从 Before 到达 After。

在运用 BAB 公式时，我们要记住一句话：人们购买的不是产品功能，而是产品带来的新生活。总之，AI 能给我们架好结构，但具体的细节和生活感受还需要我们自己填充。

（3）PAS（Problem–Agitate–Solve）公式

核心结构如下。

Problem（指出问题）→ Agitate（放大痛点情绪）→ Solution

（提供解决方案）

这听起来可能和 BAB 有些相似，但有一个关键区别：PAS 在中间增加了激化环节，就像在伤口上撒盐，让问题感觉更加迫切和难以忍受，从而创造出强烈的购买冲动。

有一位学员曾经困惑地问我："我的产品明明很好，为什么客户总是犹豫？"

答案很简单：因为痛苦感不够强烈。当痛苦大于改变的成本时，人们才会行动。PAS 公式正是通过放大痛苦感，打破人们的舒适区，创造出行动的必要性。

PAS 的三个步骤如下。

第一步，Problem（指出问题）。

这一步要精准定位目标客户的核心痛点。关键是要具体，不是泛泛而谈。

我记得有一位做社交恐惧咨询的学员，她原来的开场白是"你是否有社交障碍"，太宽泛了。

改进后的开场白："当大家在聚会上谈笑风生时，你是否感到喉咙发紧，不知道该说什么，然后找借口躲进洗手间，只希望这一切赶紧结束？"

看到区别了吗？第二个版本让有社交恐惧的人立刻产生了"这就是我"的强烈共鸣。

第二步，Agitate（放大痛点情绪）。

这一步是 PAS 公式的核心，也是它区别于其他公式的关键。在这一步，你需要加深问题的情感影响，放大不解决问题的后果。

继续上面的案例，放大痛点情绪部分是这样的。

> 这种情况可能已经影响了你的职业发展——错过了那些能展示才华的机会，看着不如你的同事升职加薪。更糟的是，它还在影响你的个人生活，让你错过了可能与对的人相遇的机会。随着时间推移，这种情况只会变得更糟，可能最终导致深度孤独和职业停滞。每拖延一天不解决这个问题，你就离理想的生活更远一步……

这段文字不仅指出了问题的即时影响，还点出了长期后果，从职业到情感，再到心理健康，全方位放大了不解决问题的代价。这就像把一个小伤口放在显微镜下，让人无法忽视。

第三步，Solution（提供解决方案）。

当目标客户被前两步充分激活情绪后，第三步就是提供一个明确、可行的解决方案——你的产品或服务。

关键是这个解决方案必须与前面描述的问题和痛点直接对应，显得简单易行又效果显著。例如：

> 我开发的"社交自信重塑系统"专门针对这类社交恐惧问题，通过 3 个简单步骤帮助你摆脱社交焦虑。已有超过 500 人通过这个方法，在 30 天内从社交恐惧者变成了

自信交流的高手。最棒的是，这套方法不需要你改变性格，也不需要掌握复杂的话术，只需按照系统一步步来，你就能在下次聚会中感受到前所未有的自信……

转化和购买欲就这样被"创作"出来了。PAS 公式特别适合做高客单价产品或服务，因为一般来说，成交这类产品或服务需要更强的情感驱动。而且，PAS 公式适合解决明确痛点的产品或服务（减肥、情感、教育、职场等），目标客户处于"知道问题但未行动"阶段，这时他们需要有人"踹一脚"，直接完成交易。

理解原理以后，我们也可以让 AI 辅助创作文案框架。具体的 AI 辅助提示词如下。

请使用 PAS 公式为以下产品创建情感共鸣文案。

产品：［产品名称］

目标用户痛点：［痛点］

产品解决方案：［解决方案］

请按照以下结构创建文案。

- Problem：简洁直接地指出问题。

- Agitate：深入描述这个问题带来的负面情绪和影响。

- Solve：展示产品如何完美解决这个问题。

其实，这些公式不仅是一个销售工具，更是一种深度沟通方式，让你更能打动客户。

3.3　个人 IP 塑造：AI 辅助人设打造，让粉丝买单

> "为什么有些创作者随便发点内容都有'铁粉'追捧，而我辛辛苦苦创作精品内容，却没人愿意为我付费？"
>
> ——众多苦于变现的小红书创作者

在小红书平台上，我们经常看到这样的现象：有些创作者发布的内容并不算精品，却有大批"铁粉"愿意购买他们推荐的一切；而另一些创作者发布的内容尽管专业度高、制作精良，却难以转化粉丝为付费用户。这种差距的核心在于前者成功打造了强大的个人 IP，后者仅仅是内容生产者。

大多数人面临以下 IP 困境。

- 身份模糊：粉丝不清楚你到底是谁，专业在哪里。
- 粉丝流失快：粉丝看完内容就走，没有记住你。
- 难以溢价：粉丝只对你的内容感兴趣，不愿为你的推荐买单。
- 替代性强：一旦出现类似内容的创作者，粉丝立刻流失。
- 变现有限：粉丝数增长，但收入并没有同比例增长。

那么，怎样定制自己的个人 IP，或者怎样用 AI 辅助自己

完成人设定位和打造呢?

3.3.1　个人 IP 的 4 个层次

在深入理解 IP 打造策略前，我们要先明确一个关键真相：个人 IP 有明确的层次划分，不同层次的变现能力相差 10 倍以上。

（1）内容生产者（最低价值）

第一层是内容生产者，其具有以下特征：

- 以内容为中心，自身存在感弱；
- 粉丝关注的是"内容是什么"，而不是"你是谁"；
- 粉丝黏性低，忠诚度低；
- 必须不断产出高质量内容才能留住粉丝。

其变现困境如下

- 只能通过内容本身变现（流量分成、基础广告等）；
- 议价能力弱，容易被替代；
- 工作量与收入成正比，收入上限低。

典型表现：粉丝评论基本是针对内容，如"这个内容真不错"，而不是针对博主本人（见图 3-5）。所以，内容生产者要想吸引更多粉丝关注，就要靠高质量的内容。

图 3-5　内容生产者的评论区示例

（2）领域专家（中等价值）

第二层是领域专家，其具有以下特征：

- 在特定领域建立了一定的权威；
- 粉丝认可你的专业判断；
- 有了初步的个人辨识度；
- 粉丝开始记住你的名字或账号。

其变现方式如下：

- 提供知识付费和专业服务；
- 推荐相关产品；

- 商务合作。

转变标志：粉丝评论从"这个内容真不错"变成"×× 博主推荐的都很靠谱"。

（3）意见领袖（高价值）

第三层是意见领袖，其具有以下特征：

- 细分领域的思想引领者；
- 粉丝不仅认可你的专业，还认同你的价值观；
- 有稳定的"铁粉"群体；
- 已形成清晰的个人标签和风格。

其变现优势如下：

- 高客单价服务和产品易于售卖；
- 粉丝愿意为你的推荐买单；
- 品牌合作溢价明显；
- 可以打造个人产品线。

转变标志：粉丝会主动为你辩护，认同感和归属感强。

（4）生活方式偶像（最高价值）

第四层是生活方式偶像，其具有以下特征：

- 粉丝不只关注你的专业领域，还向往你的生活方式；
- 你已成为粉丝的身份认同和生活态度象征；
- 超高粉丝忠诚度和追随度；
- 跨领域影响力。

其变现价值如下：

- 可以跨领域带货和合作；

- 个人品牌价值极高；

- 可以推出品牌和产品线；

- 收入与工作量脱钩。

巅峰标志：粉丝会说"我想成为像你一样的人"，并以此为荣。

我们可以使用以下提示词让 AI 帮助你分析当前的 IP 定位。

请分析我目前的个人 IP 处于哪个层级。

我的内容领域：［领域］

粉丝数量：［数量］

互动特征：［描述粉丝互动情况］

评论区常见表达：［列举一些典型评论］

变现情况：［简述］

请评估以下方面：

- 我当前处于哪个 IP 层级（内容生产者 / 领域专家 / 意见领袖 / 生活方式偶像）；

- 判断依据是什么；

- 我距离下一层级还缺少什么关键要素；

- 提升建议和可行路径。

3.3.2　AI 辅助 IP 打造的 5 大核心策略

内容生产者是被内容定义的，人们记住的是他们的作品，而非创作者本身。一旦有人创作出类似或更好的内容，粉丝就会迅速流失。个人 IF 则是定义内容的，人们首先记住的是创作者的身份、价值观和特质，内容是这些特质的载体。即使内容偶尔不尽如人意，粉丝仍会保持忠诚。可以说，成功的个人 IP 是所有创作者都梦寐以求的。那么，我们怎样从内容生产者升级为拥有强大个人 IP 的创作者呢？

（1）差异化人设定位，找到独特价值点

最致命的错误是成为"大众脸"创作者，没有明确的差异化定位。就如同大海中的一滴水，再努力也难以被人记住。差异化人设并不是要你戴上一副面具演戏，而是找到独特的生活视角、专业背景或个性特质，并将它放大成为自己的核心标签。

AI 也可以帮助你发现独特的价值点，差异化人设 AI 设计提示词如下。

请帮助我设计差异化的小红书人设定位。

我的基本情况如下。

- 内容领域：［领域］
- 个人背景：［背景］

- 性格特点：［特点］

- 专业优势：［优势］

- 兴趣爱好：［爱好］

市场现状如下。

- 这个领域的主流创作者类型：［描述］

- 目前市场空白或不足：［描述］

请帮助我提供以下内容：

- 设计 3 ~ 5 个差异化人设方向；

- 分析每个方向的优劣势和发展潜力；

- 每个人设的核心标签和表达方式；

- 如何在不做作的情况下强化这个人设；

- 最适合我的建议方向及理由。

差异化不是创造一个假人设，而是找到你真实特质中最有辨识度的部分并放大。

（2）一致性形象构建，让粉丝记住你

许多创作者的风格飘忽不定，导致粉丝无法形成清晰的印象。但一个成功的 IP，个人形象是很鲜明的。想象一下，当粉丝在快速划动手机屏幕时，有没有可能在看到你的内容的一瞬间，不需要看名字就能立刻断定"这是你"？这就是一致性形象构建。

在当下信息爆炸的时代，人类大脑已经进化出一种防御机制：只记住那些反复出现、具有一致性模式的信息。就像我们

能在一眼看到可口可乐的红色瓶身时立刻辨认出这个品牌，粉丝也需要通过一致的视觉和内容信号记住你。

一致的视觉风格就像你的"视觉签名"，能让粉丝在无数内容中迅速识别出你。例如，"大 V"鹤老师拍视频多年，从来不换衣服，一直都是一顶帽子和一件蓝衬衫，非常有记忆点，看一眼就知道是他。

关于视觉系统的搭建，主要有以下几点需要注意。

色彩系统：选择 2 ~ 3 个代表个人品牌的核心色彩，并在各种视觉材料中一致使用。我让自己的一位学员（职场成长导师）选择了深蓝色（专业）和温暖的橙色（成长）作为个人 IP 的核心色彩，并在所有内容中保持这种配色。

构图模式：建立独特的构图习惯。例如，有些博主总是使用俯拍和 45 度侧拍的组合展示每道菜品，这成了他的视觉标志。

滤镜风格：选择一种与人设相符的滤镜风格并坚持使用。专业商务类内容可以选择清晰自然的滤镜，生活类内容可以选择温暖复古的滤镜，但关键是保持一致。

你可以创建一个个人视觉风格指南，记录自己的核心色彩（RGB 值）、构图习惯、滤镜参数等，确保每次创作都能保持一致的视觉风格。如果需要，AI 可以帮助你建立一致性形象，其提示词如下。

请帮助我设计一致性的个人 IP 形象系统。

我的人设定位：［人设］

目标受众：［受众］

内容领域：［领域］

请提供以下内容：

- 视觉识别系统（穿搭风格、色彩搭配、场景设置）；
- 语言表达体系（适合我的语气、特色用语、沟通方式）；
- 内容呈现风格（排版、图文比例、设计元素）；
- 如何在不同类型内容中保持风格一致；
- 建立个人 IP 符号的具体建议。

一致性不等于单调，而是在变化中保持核心辨识元素。就像星巴克可以有各种产品，但绿色标志和整体风格始终如一。

（3）情感连接建立，让粉丝喜欢你

差异化定位让粉丝认识你，一致性形象让粉丝记住你，而情感连接则是让粉丝真正喜欢你的关键。内容可以被模仿，但情感连接是无法复制的护城河。

AI 可以帮助你设计情感连接策略，其提示词如下。

请帮助我设计与粉丝建立情感连接的策略。

我的人设：［人设］

目标粉丝特征：［特征］

目前互动情况：［情况］

请提供以下内容：

- 适合我的真实自我展示方式；
- 如何在专业内容中融入个人故事和情感；
- 与粉丝共鸣的情感触点设计；
- 社区归属感营造方法；
- 价值观传递的自然方式；
- 粉丝互动深化策略。

情感连接必须基于真实的情感，过度表演的情感只会适得其反。分享真实的脆弱和成长比展示完美更能建立连接。

（4）价值观输出：让粉丝认同你

如果说差异化定位让粉丝认识你，一致性形象让粉丝记住你，情感连接让粉丝喜欢你，那么价值观输出则是让粉丝深度认同你的关键一步，这也是将普通粉丝转化为"铁粉"和"自来水"的分水岭。

原因很简单：人们可能因为内容实用而关注你，但他们会因为认同你的价值观而追随你。当粉丝认同你的价值观时，你对他们的影响已经从"我觉得这个人的内容有用"升级为"我觉得这个人的思考方式值得学习"，这是一种质的飞跃。

有效的价值观输出不是表达人人都认同的观点，如"努力工作很重要"，而是表达你独特的、可能有一定争议但真实反映你信念的观点。如果你遇到困难，AI 可以帮助你提炼和表达核心价值观，其提示词如下。

请帮助我提炼和表达个人 IP 的核心价值观。

我的真实信念：[描述你的真实信念]

我的人生经历：[关键经历]

我想传递的核心理念：[理念]

请帮助我提供以下内容：

- 提炼 3 ~ 5 个核心价值观点；
- 如何用简洁有力的方式表达这些观点；
- 将这些价值观自然融入内容的方法；
- 每个价值观对应的实际行动和示范；
- 可能引起共鸣的表达方式。

选择那些你真正相信且市场上少有人强调的价值观，即使有点争议也没关系。大众认同的观点虽然安全，但难以形成鲜明的标签。

（5）IP 变现通路设计，让认同转化为付费

我们的最终目标是将 IP 影响力转化为商业价值。IP 变现通路，简单地说就是一条引导粉丝从免费看内容到愿意付费的道路。想象一下，这就像一家餐厅的设计，你不会一进门就看到收银台，而是先闻到香味，看到美食，坐下来，感受氛围，然后才自然而然地点餐付费。

这条通路的核心原理是循序渐进，人们很难从不付钱直接跳到付大钱，但可以从小额消费慢慢增加投入。就像你不会第

一次见面就向别人借 1 万元，但可能会先借 10 元，证明自己会还钱，下次再借 100 元。

一个有效的 IP 变现通路包含 3 个关键环节：入口产品（让粉丝尝试小额付费）、核心产品（主要收入来源）和高端产品（提升客单价）。这就像商场中"1 元试吃""主推商品"与"限量版"的关系。

设计变现通路最快的方法：先找到粉丝最痛的问题，设计一个低价值的"尝鲜产品"（通常 50 ~ 200 元），解决一个小痛点；接着提供中等价位的"核心产品"（500 ~ 2000 元），系统解决问题；最后为深度需求用户提供"高端定制"（3000 元以上）。关键是确保每一步都提供超出价格的价值，让购买变得理所当然。

当然，你也可以让 AI 辅助设计最适合自己的 IP 变现路径，其提示词如下。

请基于我的 IP 定位设计最佳变现通路。

我的 IP 定位：[定位]

粉丝特征：[特征]

粉丝需求：[需求]

我的专业能力：[能力]

请提供以下内容：

● 最适合我 IP 特质的 3 ~ 5 种变现方式；

● 每种方式的优劣势分析；

- 阶梯式变现路径设计（从低门槛到高客单价）；
- 如何在变现过程中强化而非消耗 IP 价值；
- 具体落地的首个变现产品或服务设计。

最强大的 IP 变现不是"利用 IP 卖产品"，而是"将 IP 本身作为产品"，让粉丝付费获得更深度的你。

3.3.3　6 大 IP 塑造的常见误区及 AI 修正方法

在 IP 塑造过程中，创作者常常陷入一些误区，影响 IP 建设效果。AI 可以帮助识别和纠正这些问题。所以，我们也可以不定期地用 AI 评估自己的人设，看哪里出了问题。

（1）刻意追求人设，无法得到粉丝的信任

我看到很多 IP 是为博眼球而创造完全虚假的人设，与真实自我严重脱节。即使短期获得了一些流量，也难以长期维持，人设容易崩塌，失去粉丝的信任。

作为创作者，我们一般很难把控自己的人设是不是过于刻意、是否虚假，以及符不符合逻辑。所以，我们可以用 AI 辅助自己修正，这样也有利于我们后期调整内容。

AI 修正参考提示词如下。

请帮助我评估我的人设是否过于刻意。

我的真实情况：［描述］

我目前的人设：[描述]

请分析以下几点：

● 这个人设与真实自我的契合度；

● 潜在的不一致点和风险；

● 如何在保持真实的同时强化特色；

● 更自然的人设表达建议。

我们的人设是基于对自己的强化，不可能完全虚构。在这方面，AI 可以作为一个"第三方"帮助我们规划人设是否合适。

（2）频繁变换，观众记不住你

有一些 IP 频繁更换定位和风格，导致粉丝无法形成清晰的印象。起因可能是数据不稳定，却发现越换越没数据……这样直接导致 IP 的识别度低，粉丝难以形成稳定的认知，品牌价值难以累积。

我们经常说，所有的内容和观点都要保持一致性。但有时候，我们会忘记以前发过的内容。因此，我们也可以用 AI 检测内容的一致性。

请评估我的内容风格一致性。

过去的内容风格：[描述]

计划的调整方向：[描述]

调整原因：[原因]

请提供以下内容：

- 风格变化的程度评估；
- 核心识别元素是否保持一致；
- 如何在创新的同时保持连贯性；
- 合理的调整节奏和过渡方式。

（3）过度追求完美，跟观众有距离

很多人只展示完美形象，不敢分享失败和缺点。但实际上，完美无缺的形象反而太假。迪丽热巴之所以有一个"胖迪"的人设，就是因为她这样的美女很容易跟别人产生距离感，所以需要有一点缺点，好跟大家拉近距离。

我们做 IP 也是如此。我们适度展示真实的挣扎、失败和成长过程，反而更能得到用户的信任。而且，现在全网都是各种精心包装的"完美生活"，这让你真实的缺点显得很珍贵。

我们可以用 AI 帮助检测人设的真实度，其提示词如下。

请帮助我设计如何真实展示自己的不完美。

我的专业领域：[领域]

我真实经历的挫折：[描述]

我的顾虑：[顾虑]

请提供以下内容：

- 如何分享挫折，同时不损害专业形象；
- 将缺点转化为人格魅力的方法；
- 真实自我展示与专业定位的平衡点；

- 适合我分享的真实故事角度。

（4）为了赚钱，过度商业化

很多人起号成功了，但是在 IP 建立初期就开始频繁带货和付费推广。这时很容易让粉丝"满头问号"，刚刚建立的信任马上垮掉了。

可能会有人问："那我怎么赚钱？不让我接广告 / 卖产品了吗？"

并不是。最重要的是利用前文讲过的概念"内容配比"来平衡商业和价值的关系。例如，在我自己的视频里，5 个视频中，我会拿出 2 个讲商业认知、2 个讲"干货"、1 个讲故事或观点。在每个视频里，我会在结尾的部分营销，也会在需要案例时丝滑地插入学员的案例，这样的"隐形营销"就实现了。

做好了平衡，即使粉丝知道你在营销，也依然爱看。AI 对内容平衡的辅助，我在 ChatGPT 刚出来时就经常拿来检测自己的账号。

请帮助我设计平衡内容价值与商业化的策略。

我的 IP 阶段：[阶段]

当前商业化程度：[描述]

内容与商业比例：[比例]

请提供以下内容：

- 基于我当前 IP 阶段的合理商业化程度；

- 如何在商业内容中继续强化价值；

- 理想的价值内容与商业内容比例；

- 自然过渡到商业内容的方法；

- 商业内容中保持信任的策略。

（5）过度模仿，导致观众记不住你

我们经常提到"找对标账号""对标选题"，但如果模仿太过了，直接照搬成功博主的人设和内容，就会缺乏原创性。换句话说，就是永远只能成为某人的"山寨版"，很难长期发展。

这一点是在刚开始起号时难以避免的，但这时候可能你自己都不知道自己的差异性在哪。所以，我们也可以借助 AI 分析 IP 的独特性。

请分析我的内容与市场的独特性差距。

我的内容特点：［描述］

主流同行特点：［描述］

我的独特背景：［背景］

请提供以下内容：

- 我的内容与主流的相似度评估；

- 可能被视为模仿的元素；

- 基于我的背景可发展的差异化方向；

- 如何借鉴而不是抄袭的方法；

- 强化独特视角的具体建议。

（6）盲目创新，导致无法形成自己的风格

有些 IP 为了创新而创新，频繁尝试新内容形式和风格。但越是这样，用户越迷糊。而且，IP 也没办法形成自己的风格。

所以，即使在一开始，我们也需要给自己的 IP 做系统性的规划和优化，做下一步的策略，这时可以借助 AI 进行系统优化。

请帮助我设计系统化的 IP 优化策略。

我的核心内容：［内容］

目前效果良好的部分：［部分］

遇到的主要问题：［问题］

请提供以下内容：

- 如何系统评估现有内容的效果；
- 应该加强的核心优势环节；
- 需要补强的短板环节；
- 基于数据的迭代优化方法；
- 在保持一致性的同时实现创新的策略。

3.3.4　IP 变现的 3 大核心路径

建立 IP 后，如何将其商业价值最大化呢？

（1）内容付费：将 IP 本身变成产品

内容付费是把知识、经验和见解直接变现的路径，本质上

是"卖你所知"。当粉丝认可你的专业价值时，他们愿意为获取更系统、更深入的知识付费。就像你可能愿意花钱买一本自己喜欢的作家的书，而不只是看他的免费内容。

只要你有技能或专业知识，都可以走这条路。育儿博主、理财顾问、职场成长导师……都特别适合运用这种变现方式。你可以从简单的电子书、音频课（99 ~ 199 元）到系统课程（1000 ~ 3000 元），再到高端训练营或定制指导（5000 元以上），形成完整的知识付费阶梯。

变现形式如下：

- 线上课程和专栏；
- 付费社群和会员制；
- 专业指导和咨询服务；
- 电子书和指南。

如果你依然不知道自己适合什么产品，也可以用 AI 辅助产品设计，参考提示词如下。

请基于我的 IP 设计内容付费产品。

我的 IP 定位：［定位］

专业优势：［优势］

粉丝痛点：［痛点］

目前免费内容：［概述］

请提供以下内容：

- 3 ~ 5 个适合我的付费产品方向；

- 每个产品的核心价值和差异点；
- 免费内容与付费内容的合理边界；
- 产品阶梯设计（从低门槛到高客单价）；
- 独特卖点和溢价理由。

内容付费的核心在于提供免费内容无法覆盖的系统性和深度，同时要有明确可见的学习成果和应用方法。你的付费内容必须解决"怎么做"的问题，而不只是讲"是什么"和"为什么"的问题。

（2）个人产品：打造专属 IP 产品线

打造个人产品就是将你的专业、审美或方法论转化为实体或数字产品，实现"卖你的创造"。因为当粉丝认同你的价值观和品位时，他们会期待拥有与你相关的产品，这些产品是你个人 IP 的价值延伸和具象化表达。

这类变现方式适合有独特风格的创作者，特别是在时尚、美妆、生活方式、美食等领域有独特见解的 IP。产品类别包罗万象，从数字产品（如模板、工具包，售价通常在几十元到几百元）到实体产品（如图书、生活用品，价格从几十元到几百元不等），再到品牌授权合作（与成熟品牌联名，按销售分成或一次性授权费）。

变现形式如下：

- 自有品牌产品；

■ 定制服务包；

■ 限量版周边；

■ 实体或虚拟产物。

如果你对自己的 IP 能衍生的产品有初步概念，也可以用 AI 辅助规划产品线，参考提示词如下。

请帮助我规划基于 IP 的个人产品线。

我的 IP 核心价值：[价值]

粉丝核心需求：[需求]

我的专业领域：[领域]

资源与条件：[资源]

请提供以下内容：

● 最适合我 IP 的 3 ~ 5 个产品方向；

● 如何在产品中融入 IP 核心元素；

● 从概念到上市的关键步骤；

● 产品差异化竞争优势；

● 营销策略与 IP 联动方案。

IP 产品的核心价值在于它们承载了你的理念和方法，而不仅是功能。你的产品必须有明确的差异化优势，能够解决特定问题，并且与你的 IP 定位高度一致。最好的 IP 产品不只是被购买，更会被粉丝主动分享和推荐，成为你 IP 的实物载体和传播媒介。

（3）社群服务：深度连接核心粉丝

社群服务是将有共同需求和兴趣的粉丝聚集在一起，创造互动价值和归属感，实现"卖你的圈子"。

人们不仅需要知识，还需要支持、陪伴和归属感。好的社群提供的不只是内容，更是同伴支持和持续成长的环境。就像健身不只是知道健身方法，加入健身俱乐部更容易坚持，因为有同伴激励和教练指导。

社群变现适合能持续提供价值且有一定社群运营能力的创作者，特别是那些粉丝群体需要长期支持和互助的领域，如健身、育儿、成长类方向。

变现形式如下：

- 付费会员社群；
- 实践型训练营
- 私密分享小组；
- 深度互动服务。

AI 社群设计的参考提示词如下。

请设计基于我 IP 的付费社群服务。

我的 IP 价值主张 ［价值］

粉丝核心痛点:［痛点］

我能提供的独特资源:［资源］

目标社群规模:［规模］

请提供以下内容：

- 社群核心价值主张；

- 会员权益与服务内容设计；

- 合理的定价策略和升级路径；

- 社群运营与互动机制；

- 长期黏性与复购机制。

优质社群的价值在于创造难以在其他地方获得的"共创体验"和"同伴动力"。你需要精心设计互动机制，培养核心成员，持续输出有价值的内容，同时保持社群的活跃度和凝聚力。记住，社群的最终产品是"改变"和"归属感"，而不仅是内容。

这 3 种变现路径并不互斥，可以一起运用。最成功的 IP 往往会同时运用多种路径，也就是我们所说的"不要把鸡蛋放在一个篮子里"。选择哪种路径作为主要发力点，取决于你的专业特长、粉丝特点和个人资源。但无论选择哪种路径，核心原则都是一致的——提供真正的价值，保持与 IP 定位的一致性，以及建立长期可持续的商业模式。

如果你想通过小红书做"一人公司"，甚至成长为"超级个体"，那么优质内容是基础，AI 是工具，而个人 IP 才是真正的目的地。当你的思维从"生产者思维"转变为"IP 思维"，不仅是在创作内容，更是在打造一个独特的个人品牌，这才是实现长期稳定变现的关键。

第 4 章

AI 驱动的小红书运营与数据分析

4.1　账号定位与内容规划：AI 辅助找准小众蓝海

> "我浪费了整整 6 个月时间，在错误的赛道上拼命奔跑。感觉就像在跑步机上狂奔，累得半死，却原地踏步。"
>
> ——多位想做小红书却遇到卡点的创作者

我经常接到咨询，其中很多学员表示："每天绞尽脑汁创作内容，但粉丝量和互动量增长缓慢，就像对着一个无底洞不停地扔石头，听不到任何回声。"这可能是大部分人在小红书上都经历过的摸索阶段，包括我自己。我刚入行时也曾每天发布内容，却收获寥寥无几的点赞。那种对着手机屏幕说话却无人回应的感觉，就像在荒岛上用瓶子往大海里扔求救信。

还有很多人在做账号时发现，即使一开始变现了，后面却越来越困难。这是因为账号定位和内容规划的质量，往往决定了你未来发展的上限。很多创作者一头扎进日常创作，却忽略了最关键的战略问题。

- 除了跟风和模仿别人之外，我到底应该做什么内容？
- 除了"所有人"这种不靠谱的答案之外，我的目标受众是谁？
- 在没有被"大 V"们瓜分完的那一小块地盘里，我如何在竞争激烈的环境中找到属于自己的空间？

定位即定江山。接下来，我将带你探索定位的方法，还有怎么利用 AI 技术精准定位你的账号和系统规划你的内容，帮助你避开血海腥风的红海竞争，找到适合自己的蓝海。毕竟，在鲨鱼出没的地方争食，你很可能不是捕食者，而是盘中餐。

4.1.1 为什么大多数账号定位会失败

在讨论解决方案前，我们要先理解为什么大多数小红书创作者在账号定位上会遇到困难。根据我们的经验，失败的定位通常有以下几个典型症状。

（1）跟风热门

"我看到美妆博主涨粉快，就急急忙忙转型做美妆，结果发现竞争太激烈了，自己又没有专业背景，只能成为众多美妆博主里的'小透明'。"这是一位学员在刚开始找我们咨询时说的，当时她自己摸索做账号已经快一年了，但一直没有结果。

这是最常见的错误。热门意味着已经有大量的优质创作者和内容，新人很难脱颖而出。根据我们学员的经验，在已经非常饱和的领域（如美妆、宠物、美食），新账号的粉丝数量达到 1 万个的平均时间是 18 个月，而在细分蓝海领域，这个时间可以短至 3 个月。

我们有学员在 2022 年初看到宠物账号火爆，立刻把自家猫咪打造成内容主角。结果发现同样的撸猫、猫咪日常内容，别人有几十万个赞，自己却只有几十个。找到我们以后，当他把内容调整为"上班族猫咪的独居生活解决方案"，聚焦帮助工作忙碌的"铲屎官"解决猫咪独处问题，才找到自己的蓝海，短短 2 个月增加粉丝 2 万个。

（2）身份不匹配

"我尝试过分享高端旅行内容，因为看起来很有格调。但我自己其实是普通上班族，总觉得内容不够真实，粉丝也感受不到共鸣。而且，有时候评论区还说我在乱立人设，我都不知道怎么回复。"这也是来自一位学员的真实叙述。

当创作者的真实身份、经验和资源与所选定位存在明显落差时，内容的真实性和持续性都会受到挑战。数据显示，"人设崩塌"是小红书账号衰落的第二大原因，仅次于"更新频率下降"。

（3）定位过于宽泛

很多人找到我，跟我说想做生活方式博主，包含美食、旅行、穿搭、护肤等各个方面，结果粉丝画像极其分散，互动率低，难以形成个人特色。就像一家既卖牛肉面又卖寿司，还提供比萨和烤鸭的餐厅，最后谁都不想来。

定位过于宽泛会导致内容缺乏深度和连贯性，难以建立专业性，也难以在算法推荐中形成明确的标签。试想，如果一个 App 包揽社交、购物、游戏、工作及学习等所有功能，但每个功能都只是一般水平，你会选择它吗？显然，大多数用户只会选择在每个领域最专业的 App。小红书账号也是如此，与其"样样通，样样松"，不如"一专多精"。

（4）差异性缺失

很多人也按照网上描述的"拆解爆款"，观察了很多博主的内容，然后按照类似的模式创作，但发现自己的内容总是淹没在同质化内容的海洋中。

缺乏明确的差异性是大多数账号的通病。当你的内容与现有创作者的内容高度相似时，用户没有关注你的理由，平台算法也难以识别你的独特价值。想象你走进一个有 30 家奶茶店的商场，其中 29 家都卖珍珠奶茶、水果茶和芝士茶，而第 30 家专注于低糖健康茶饮并提供详细的卡路里计算，甚至还有适合糖尿病患者的特制版本！作为消费者，你更可能记住哪一家？小红书内容也是如此，与众不同才能被记住。

（5）能力与热情不匹配

很多人选择一个领域，是因为觉得这个领域的变现能力强。但如果你对这个领域没有太大的兴趣，在创作上很快就会感到疲惫和枯竭。当定位仅基于市场机会而忽略个人兴趣和长期投入能力时，你是没办法一直创作下去的。

我们有一位学员因为看到某个领域的变现能力强，硬着头皮做了 3 个月的相关内容。结果不仅内容质量一般，而且自己也痛苦不堪。后来，他转向自己真正热爱的领域，不仅创作过程轻松愉快，内容质量也大幅提升，而且带来了更好的商业回报。所以，请牢记"以热情为基础的专业，往往比以专业为基础的热情更持久"这句话。

4.1.2 AI 辅助账号定位的科学方法

了解了常见误区后，我们探讨如何利用 AI 进行科学的账号定位。以下是一个经过验证的 4 步法。

（1）盘点个人资源与优势

账号定位的起点不是市场机会，而是创作者自身。你需要客观评估自己的独特资源和优势，这是差异化的基础。

我们可以使用 AI 全面地盘点个人资源，其提示词模板如下。

请帮助我进行内容创作者资源盘点，全面评估我可用于小红书创作的个人资源和优势。

我的背景信息如下。

- 职业经历：[你的职业背景]
- 教育背景：[你的教育经历]
- 专业技能：[你掌握的专业技能]
- 兴趣爱好：[你长期投入的兴趣]
- 性格特点：[你的性格优势]
- 人生经历：[你的独特经历]
- 社交资源：[你的人脉和资源]

请分析以下要点：

- 我最具差异性的 3 ~ 5 个个人特质或资源；
- 这些特质如何转化为内容创作优势；
- 我最适合深入发展的 3 个领域；
- 每个领域中我可以提供的独特视角；
- 潜在的个人 IP 塑造方向建议。

这一步的核心是发掘真实且难以复制的个人特质和资源，这些将成为你未来定位的根基。就像挖掘自己的"超能力"，可能你一直觉得某个特质很普通，但在特定领域却是稀缺资源。

（2）探索市场机会与蓝海

在了解自身优势后，需要将视角转向市场，寻找需求与竞争的最佳平衡点。这就像淘金，与其去人挤人的大河道，不如找一条小溪流，虽然规模小点，但至少不会被别人抢走所有机会。

我们可以利用 AI 进行市场机会分析和蓝海识别，其提示词模板如下。

请帮助我针对小红书平台进行市场机会分析，寻找潜在的蓝海机会。

我的潜在领域：［基于上一步分析的 2 ~ 3 个方向］

我的目标：找到需求高但竞争较低的细分赛道。

请提供以下内容。

- 对每个潜在领域的细分方向分析（至少 5 个细分方向）。
- 每个细分方向的估计：
  - 市场需求度（1 ~ 10 分）；
  - 竞争激烈度（1 ~ 10 分）；
  - 内容饱和度（1 ~ 10 分）；
  - 变现潜力（1 ~ 10 分）。
- 识别 3 ~ 5 个具有蓝海特性的细分方向。
- 分析这些方向的用户痛点和未满足需求。
- 评估这些方向与我个人背景和资源的匹配度。

这一步的核心是找到需求与竞争的最佳平衡点，避开红海，聚焦蓝海机会。简单地说，就是找到那些"需求大但竞争小"的香饽饽细分市场。

从商业角度看，最成功的企业往往不是进入最大的市场，而是开创或主导一个小而精确的市场，等建立品牌后才逐步扩大范围。例如，特斯拉最初不是直接与大型汽车制造商竞争，而是专注于高端电动跑车这个小众市场。其实，做小红书也是这样的。

（3）设计差异化定位

找到潜在方向后，你需要设计具体的差异化定位，打造自己的独特市场位置。这就像给自己贴上一个独特的标签，让人一眼就能认出你。我们可以利用 AI 进行差异化定位构建和测试，其提示词模板如下。

请基于我的个人优势和市场机会设计 3 ~ 5 个差异化定位方案。

我的个人优势：[前面分析的核心优势]

目标细分市场：[选定的细分方向，越具体越好]

对每个定位方案，请提供以下内容：

- 核心定位表述（20 字以内的明确定位，要简洁）；

- 目标受众画像（人口特征、需求痛点、价值观，越详细越好）；

- 独特价值主张（与其他创作者的关键区别，为什么是你，而不是别人）；
- 内容风格和调性建议（是正经学术派，还是幽默风格）；
- 可能的个人标签和关键词（让人一想到这个领域就想到你）；
- 定位验证方法（如何测试这个定位的市场接受度）；
- 潜在风险和应对策略（提前预警可能的"坑"）。

最后，请对这些方案进行综合评分和推荐排序。记住，要差异化，不要大众化，不要给我"美妆博主"这种已经泛滥的定位。

你的定位就是自己在小红书上的个人招牌。招牌太普通，吸引不了别人注意；太夸张，又会缺乏真实性。最好的招牌应该能准确反映你的特色，同时满足特定客户群体的需求。就像一家餐厅可能定位为"忙碌上班族的 15 分钟健康午餐"，既反映了餐厅的特色，又满足了特定人群的需求。但如果这家餐厅只是卖炒菜，就会变得毫无特色。

（4）定位测试与迭代优化（又名"试错再试错"）

定位不是一蹴而就的，需要通过市场测试和数据反馈不断优化。就像找对象，很少有人第一次相亲就能遇到真爱，都需要不断试错。

我们可以利用 AI 设计定位测试方案和优化策略，其提示词模板如下。

请为我的账号定位设计一个测试和优化方案。

我的初步定位：[选定的差异化定位，目前还是假设，需要验证]

预期目标：验证定位的有效性，并进行必要的调整。

请提供以下内容。

◆ 3 组不同类型的测试内容（每组 3 ～ 5 个内容）。

　● 内容主题和角度建议。

　● 预期测试的定位要素。

　● 成功指标和期望值。

◆ 数据分析框架。

　● 需要关注的关键指标（不是粉丝数那么简单）。

　● 各指标的优先级和判断标准。

　● 交叉分析方法建议。

◆ 定位优化路径。

　● 可能的调整方向和边界。

　● 渐进式调整的步骤建议。

　● 核心不变要素与可调整要素。

◆ 10 个关键提问帮助我评估定位的有效性（问得越狠越好）。

这一步的核心是通过实际内容测试市场反应，收集数据，持续优化定位。要知道，定位是一个动态优化的过程，而不是一锤定音的决定。

我们有一位学员，其账号的最初定位是"上班族的健康饮食指南"，但测试数据显示"极简烹饪"和"时间优化"的内容表现更好。我们建议她将定位调整为"极简厨房：上班族的15 分钟健康料理"，并基于这个大方向让 AI 辅助做更精准的选题。最终，她找到了属于自己的市场位置。

开始时，她以为人们关心的是健康。实际上，人们更关心的是时间！没人想在下班后再花 1 小时做饭，即使很健康。这让她彻底改变了内容方向。

4.1.3 AI 辅助内容规划：从灵感枯竭到创意源源不断

确定账号定位后，下一个挑战是进行系统的内容规划，确保创意源源不断，内容结构合理。你体会过那种"今天发什么呢"的焦虑感吗？别担心，以下是 AI 辅助内容规划的核心方法。

（1）内容支柱策略

内容支柱策略是指围绕核心主题建立 3 ~ 7 个内容支柱，形成清晰的内容架构，确保覆盖目标受众的全部需求。

我们可以利用 AI 设计内容支柱框架，其提示词模板如下。

请基于我的账号定位，设计一个内容支柱策略。

我的账号定位：[你的差异化定位，越详细越好]

目标受众：[你的目标用户画像，不是"所有人"]

请提供以下内容。

◆ 推荐的 4 ~ 6 个核心内容支柱。

　● 每个支柱的主题定义和边界。

　● 支柱与目标受众需求的匹配关系。

　● 支柱之间的逻辑关系和平衡建议。

◆ 每个支柱下的内容子类型（各 3 ~ 5 个）。

　● 具体内容形式和表现方式（文字、视频还是表格）。

　● 预期情感反应和用户价值。

　● 适合的更新频率和时机。

◆ 支柱内容的比例分配建议。

　● 不同支栏的内容比例。

　● 基础内容与高阶内容的比例。

　● 教育内容与娱乐内容的平衡。

我们自己的账号就用 AI 设计了"科学理论""实战案例""工具测评""常见误区"和"答疑专栏"5 大内容支柱。账号内容既有深度又有广度，可以满足不同用户的需求。

（2）内容矩阵规划

内容矩阵是一种二维内容规划方法，通常将内容类型和主题方向作为两个维度，确保内容覆盖全面且有层次。我们可以利用 AI 构建个性化内容矩阵，其提示词模板如下。

请为我设计一个完整的内容矩阵。

账号定位：［之前确定的账号定位］

内容支柱：［之前确定的内容支柱］

请创建一个二维内容矩阵，横轴为［内容形式］，纵轴为［内容主题］。

请给每个矩阵账号推荐至少 3 种内容形式（如教程、测评、清单等）。

针对每一种形式，请结合 4 ~ 6 个主要内容主题/方向。

在矩阵交叉点提供具体内容示例（至少 15 个）。

如果把内容支柱比作房屋的柱子，内容矩阵就像房屋的设计图纸，详细规划了每个房间的功能、布局和装修风格。有了这份图纸，你就不用每次创作时从零开始思考"我该做什么内容"这个问题了，再也不会有"今天发什么呢"的尴尬时刻。你只需查表就能知道：今天应该发"5 分钟懒人早餐"，明天发"厨房收纳技巧"，后天发"平价替代品测评"。效率将大幅提升！

（3）长期内容日历

长期内容日历可以帮助创作者从战术层面转向战略层面，

提前规划内容节奏，与平台热点和用户需求同步。这个内容日历只要大方向不变，其他都是可以随时微调的。我们可以利用 AI 创建初始的个性化内容日历框架，其提示词模板如下。

请为我设计未来 3 个月的内容发布日历。

账号信息如下。

◆ 定位：[你的账号定位，尽量简洁]

◆ 内容支柱：[你的内容支柱]

◆ 发布频率：[你计划的发布频率]

◆ 时间段：[计划月份，比如 6 ~ 8 月]

请提供以下内容。

◆ 月度内容主题规划。

● 每月 1 ~ 2 个核心主题建议。

● 与季节 / 节日 / 热点的结合点。

● 主题递进和连贯性安排。

◆ 周计划内容安排。

● 每周具体内容主题和形式。

● 不同内容支柱的分布策略。

● 高精力与低精力内容的平衡。

◆ 关键节点内容策略。

● 节假日特别内容建议。

● 预计平台活动的应对策略。

- 内容系列和专题规划。

◆ 具体化的内容标题和简介。

- 按周组织的内容列表。

- 每个内容的预期目标和关键点。

- 内容间的引用和关联建议。

内容日历就像你的内容"种植计划"。一个好的农民不会随心所欲地种植，想到啥种啥，而是根据季节、天气和收获周期制订详细的种植计划。"二月种土豆，三月播玉米，五月收小麦"，每一步都有条不紊。同样，优秀的创作者也会提前规划内容，确保作品既应景又有连贯性。随机发布内容就像闭着眼睛种田，可能偶尔有收获，但大部分时候只是白忙活。

我曾经指导一位瞄准小红书上"开学季"的学员提前两个月用 AI 工具规划了一系列"大学生宿舍改造"的内容，包括购物清单、收纳技巧、装饰灵感及室友相处等方面。因为提前规划，我有足够的时间准备高质量内容，整个系列不仅获得了超高互动，也带来了多个品牌合作机会。如果是临时抱佛脚，肯定无法达到这样的效果。

（4）爆款内容原型设计

除了常规内容，我们还需要定期设计爆款内容，提升账号的各项指标增长速度和影响力。我们可以利用 AI 分析和构建爆款内容模型，其提示词模板如下。

请基于我的账号定位，设计 3 ~ 5 个潜在爆款内容原型。

账号定位：［你的账号定位］

目标：创造高传播性和高互动性的内容。

对每个爆款原型，请提供以下内容。

◆ 内容核心概念和差异化角度包含以下方面。

● 标题构想和吸引点设计。

● 与常规内容的关键区别。

● 预期引发的用户情绪和反应。

◆ 详细内容结构包括以下方面。

● 开场设计和注意力抓取策略。

● 核心部分的组织和亮点设置。

● 结尾设计和互动引导。

◆ 视觉策略建议包括以下方面。

● 封面设计关键元素。

● 内容视觉节奏和重点。

● 差异化视觉标识。

◆ 传播策略包括以下方面。

● 潜在的病毒式传播因素。

● 评论区互动设计。

● 跨平台传播的可能性分析。

爆款内容就像餐厅的招牌菜。日常菜品可以保证营收稳定，而那些特别的招牌菜可以帮助餐厅建立名声并吸引新客户。没有人会因为一盘普通的青菜炒豆腐专程去一家餐厅，但可能会为了"米其林主厨特制松露焗龙虾"跑很远的路。同样，定期推出精心设计的爆款内容是小红书账号的各项数据快速增长的关键。

我们曾经用 AI 帮助一位学员分析她所从事领域的爆款规律，并且设计了"30 天极简挑战"这个内容原型，从选题角度、叙事结构到视觉呈现都经过精心设计。该系列内容果然成了她账号的第一个爆款，单篇最高获得 12 万人次浏览。最重要的是这个爆款并非偶然，而是有据可循的设计结果。她终于掌握了爆款的密码，不再是靠碰运气了。现在，她每个季度都会精心设计一个大型系列作为增长引擎，效果非常稳定。

4.1.4 账号定位与内容规划的 5 大进阶策略

在掌握基础方法后，你可以通过以下 5 个进阶策略让自己的定位和规划更上一层楼。

（1）多维度定位法

传统定位往往是一维的（如美妆博主），而多维度定位通过组合多个独特要素，创造更精准且难以复制的市场位置。其 AI 辅助方法如下。

请帮助我设计一个多维度定位策略。

我的基础信息如下。

◆ 领域兴趣：[你的兴趣领域]

◆ 专业背景：[你的专业背景]

◆ 人格特质：[你的性格特点]

◆ 个人经历：[你的独特经历]

请创建以下内容。

◆ 3 ~ 5 个可能的多维度定位组合。

● 维度一：领域 / 主题维度。

● 维度二：目标受众 / 需求维度。

● 维度三：方法论 / 风格维度。

● 维度四：独特视角 / 价值观维度。

◆ 每个组合的定位表述。

● 简明表达（20 字以内）。

● 扩展表达（50 字左右）。

● 个人介绍示例（100 字左右）。

◆ 多维度定位的传达策略。

● 视觉元素表达建议。

● 内容结构体现方式。

- 互动模式设计。

（2）差异化矩阵分析

通过系统化分析竞品定位，找出未被占领的市场空间和差异化机会。其 AI 辅助方法如下。

请对［你的目标领域］进行差异化矩阵分析。

请分析该领域的以下方面。

◆ 头部创作者（至少 5 个）的定位特点。

- 目标受众和主要诉求。
- 内容风格和表现形式。
- 独特卖点和差异化要素。
- 互动模式和社区特点。

◆ 创建一个二维差异化矩阵。

- 确定两个关键差异化维度（如专业性与亲和力、实用性与娱乐性）。
- 将主要竞品映射到矩阵中。
- 识别未被充分占领的"白空间"。
- 评估各区域的市场潜力和竞争强度。

◆ 为我推荐 3 个潜在的差异化定位。

- 每个定位在矩阵中的位置。
- 定位的核心差异化要素。
- 与我个人资源的匹配度。

- 发展和竞争策略建议。

（3）用户旅程内容地图

从用户需求出发，设计覆盖用户决策旅程各阶段的内容体系，提供全方位价值。其 AI 辅助方法如下。

请为［你的领域］设计一个基于用户旅程的内容地图。

基础信息如下。

◆ 我的定位：［你的账号定位］

◆ 目标用户：［你的目标受众］

◆ 核心价值：［你提供的主要价值］

请创建以下内容。

◆ 用户决策旅程分析。

- 识别用户在该领域的完整决策过程（5 ~ 7 个关键阶段）。
- 每个阶段的核心问题和痛点。
- 用户的情感状态和信息需求。
- 决策障碍和犹豫因素。

◆ 阶段性内容规划。

- 针对每个阶段设计 2 ~ 3 种内容类型。
- 内容的核心价值主张和解决方案。
- 适合的内容形式和呈现方式。
- 衡量成功的指标和预期效果。

◆ 用户引导策略。

- 不同阶段内容之间的自然连接。

- 引导用户沿旅程前进的策略。

- 建立长期关系的互动设计。

- 回流与循环机制建议。

（4）季节性内容节奏规划

根据季节变化、节日热点和平台活动，设计具有前瞻性的内容节奏，提升时效性和参与度。其 AI 辅助方法如下。

请为我的［账号定位］设计未来一年的季节性内容节奏规划。

请提供以下内容。

◆ 年度内容主题规划。

- 按季度的核心主题建议。

- 与季节特点的自然结合点。

- 主题间的进阶和延续关系。

- 年度内容主线和故事弧建议。

◆ 节假日和热点规划（至少 12 个关键时间点）。

- 每个节点的内容机会分析。

- 预热、高潮、延续的三阶段策略。

- 差异化角度和创新切入点。

- 平台活动联动可能性。

◆ 常规内容与季节性内容的平衡策略。

- 不同时期的内容比例建议。

- 内容形式和风格的季节性调整。

- 用户需求的季节性变化预测。

- 内容库存与实时创作的平衡方案。

（5）内容资产化策略

将内容视为长期资产，而非一次性消费品，通过系统设计提升内容的长尾价值和复用潜力。其 AI 辅助方法如下。

请为我设计一个内容资产化策略。

我的账号信息如下。

◆ 定位：[你的账号定位]

◆ 内容领域：[你的内容方向]

◆ 目标：最大化内容的长期价值。

请提供以下内容。

◆ 内容模块化设计方案。

- 核心知识模块的识别和分类。

- 可重复使用的内容单元设计。

- 模块间的组合和引用策略。

- 渐进式内容深化路径。

◆ 内容升级与再利用策略。

- 经典内容的定期更新机制。

- 单一内容的多形式转化方法。

- 系列内容的合集与精选策略。

- 时效性内容的长尾价值提取。

◆ 内容资产价值最大化方案。

- 免费内容向付费产品的转化路径。

- 内容资产的商业化模式建议。

- IP 授权和衍生品开发的可能性。

- 内容资产管理和评估体系。

4.1.5 小众蓝海背后的核心原则

探索了各种方法和策略后，我们要回到账号定位和内容规划的核心原则，即找到独特性、有效性及真实性的黄金交叉点。

（1）独特性

独特性意味着你的定位和内容具有差异化优势，不容易被模仿和替代。这个独特性是你设计出来的，而不是天生自带的。例如，你可以一直手里拿着一个玩偶，甚至跟它对话，这个玩偶就会成为你的 IP 的一部分。"傻白呀"作为一个成长博主，最大的差异不在于内容，而是他的"鸭子"头套和日本动画片《银魂》里"伊丽莎白"的头像（见图 4-1）。

图 4-1　博主"傻白呀"的小红书账号

实话说，做好文案并不难，但文案只是 IP 的一小部分，关键在于你能不能被别人记住。当别人觉得你有趣，甚至把你当作朋友，那么你的流量就会源源不断。就像你听自己最好的朋友说话，是不是即使他只是分享最普通的日常生活，你也会觉得有意思？

核心问题如下。

- 你的定位有什么是竞争对手难以复制的？
- 你能提供什么独特的视角或方法论？
- 你的内容有哪些标志性特征？

最好的定位不是你想出来的，而是从你的独特经历和禀赋中自然生长出来的。例如，一位医生做健康科普和一位健身教练做健康科普，即使主题相同，视角和价值也完全不同。

（2）有效性

有效性意味着你的定位和内容能够满足真实的市场需求，解决用户的实际问题。这一定是要基于用户的真实需求，而不是自己认为的需求。

以前有一位学员找到我，说自己是英语老师，发现周围的朋友经常问自己关于怎么辅导孩子学习英语的问题，所以想做一个知识付费产品，教家长辅导孩子学习英语。

我说这种课程是没有市场的，因为家长的真正需求是"甩手"，而不是在带娃那么累时还给自己强加那么多的工作量。朋友问她只是顺口，或者作为正常的聊天话题出现。但是，有商业价值的产品一定是用户真正需要的东西，也就是这个痛点要"足够痛"。

核心问题如下。

- 你的定位服务的痛点足够强烈吗？
- 目标受众群体的规模和活跃度如何？
- 你能提供的解决方案有多大价值？

无论多么独特的定位，如果没有对应的市场需求，也只是自娱自乐。真正成功的定位既是创作者的独特表达，也是市场的需要。

（3）真实性

真实性意味着你的定位与你的真实身份、能力和资源相符，能够长期坚持和深入发展。

核心问题如下。

- 这个定位与你的真实身份匹配吗？
- 你能否持续产出相关的优质内容？
- 你是否真正热爱和理解这个领域？

很多账号昙花一现的根本原因是定位缺乏真实性。如果定位需要你长期扮演一个与真实自我差距很大的角色，这种创作就难以持久，也难以形成真正的情感连接。

很多人都困惑怎么找到自己的黄金交叉点。在这里，我们可以用 AI 辅助，其提示词如下。

请基于"独特、有效、真实"原则评估我的定位选择。

我的定位选项如下。

［列出 2 ~ 3 个候选定位］

请针对每个定位进行深度评估。

- ◆ 独特性分析。
  - 市场独特性评分（1 ~ 10 分）。
  - 关键差异化要素分析。
  - 被模仿的难度和防御策略。
  - 长期差异化可持续性。

◆ 有效性分析。

- 市场需求强度评分（1～10分）。

- 目标受众规模和特征。

- 解决问题的有效性。

- 商业价值和变现潜力。

◆ 真实性分析。

- 与个人真实性匹配评分（1～10分）。

- 长期创作可持续性。

- 个人成长和发展空间。

- 情感投入和热情持久度。

◆ 综合建议。

- 三维度综合评分和排序。

- 优化建议和调整方向。

- 潜在风险和应对策略。

- 最终定位选择和理由。

好的定位就像一粒优质的种子，决定了你未来成长的上限和方向。在做账号之前，原则一定是"定位先行"。

最好的定位不是简单的市场选择，而是在独特、有效和真实3个维度取得平衡。很多人都跟我说，不知道怎么做内容，或者长期输出太吃力。那么，你可以试一试用AI作为长期辅助工具，并且找到这个黄金交叉点。

4.2　AI 破解"冷启动"困境：从 0 到 1 吸引首批粉丝的实操方法

"发布了 10 篇精心准备的笔记，但互动量加起来还不到 50 人次，像是在对着空气说话。"

"有时候看着笔记好焦虑。我做了那么多，怎么就是没流量？"

"是不是平台的问题，被限流了？"

说实话，我太能理解这种感受了。我自己的第一篇笔记也是经过精心拍摄、反复修改，最后收获了惊人的 2 个赞，其中一个还是我妈。那种感觉就像办个派对，摆好了食物，放好了音乐，结果只有送外卖的小哥进来问了一句："走错门了吗？"

几乎所有小红书创作者都经历过"冷启动"困境——零粉丝、零互动、零曝光的艰难期。这个阶段不仅挑战创作者的耐心，更考验他们的策略智慧。小红书官方数据显示，约 70% 的新手创作者在坚持 10 篇笔记后选择放弃，而成功突破"冷启动"期的账号平均需要发布 15 ～ 20 篇笔记。

好消息是 AI 为突破这个瓶颈提供了前所未有的工具和方法。本节将深入剖析如何利用 AI 技术系统性地解决"冷启动"问题，帮助你从零互动开始迅速积累首批忠实粉丝，建立稳定增长的创作生涯。

4.2.1 陷入"冷启动"困境的原因:解析背后的算法逻辑

在探讨解决方案前,我们需要先理解"冷启动"困境背后的原因,特别是小红书算法的运作逻辑。不了解规则,就像闭着眼睛玩躲避球,不是被打中,就是撞墙。

小红书的内容分发算法大致遵循"三级火箭"模式。

- 初始曝光池:新发布的内容会获得小范围的初始曝光(通常为 50 ~ 300 次),算法通过这些曝光产生的互动数据评估内容质量。这就像餐厅给你的试用期,看看顾客对你的菜品反应如何。

- 二级推荐池:表现良好的内容进入更大范围的推荐池,获得更多曝光机会。类似于从后厨升到前台,更多人能看到你的手艺。

- 广泛分发池:在二级推荐中继续表现优异的内容才有机会进入广泛分发,获得爆款级曝光。这就类似于店长直接把你调到总店当主厨。

小红书算法最看重的是内容的互动率,而非绝对互动量。一篇获得 10 次曝光、有 5 次互动的笔记,比获得 1000 次曝光、只有 20 次互动的笔记更有可能被推荐算法青睐。换句话说,小红书不在乎有多少人看你,而在乎看的人有多喜欢你。

基于算法机制,新手创作者在"冷启动"期主要面临以下4 个挑战。

（1）缺乏初始互动

零粉丝状态下难以获得自然互动，导致内容无法跨越初始曝光门槛。就像你做了一桌好菜，但没人知道你家开了餐厅。没有人点赞、评论，算法就以为没人喜欢你的内容，然后看到这些内容的人就更少，最终形成恶性循环。

发布完内容，刷新一万遍，数据也不会变，那种感觉比等暗恋对象回消息还煎熬。

（2）缺乏算法信任

新账号没有历史数据支持，算法对其内容质量和稳定性缺乏信心。就像你是零经验的新人去应聘，HR 总会多打量你几眼，但不会真的给你机会。

（3）缺乏内容差异化

初期内容往往模仿性强，难以在激烈竞争中脱颖而出。你的健身视频和其他 9999 个健身视频看起来没有区别，凭什么让人记住你？你做了一篇夏日防晒指南，结果发现搜索结果里已经有 3 万篇相同主题的笔记，像一滴水掉进了大海里。

（4）创作周期过长

精力和时间有限导致内容产出速度慢，难以快速积累算法所需的账号权重。大多数创作者都是兼职，白天上班，晚上创作，精力严重不足。每篇笔记需要花费 5 ~ 8 小时制作，一周最多产出 2 篇，而算法偏爱高产账号，就像你一个人在搬砖，旁边却是整个工程队在行动。

我们学员里成功突破"冷启动"的账号，几乎所有案例都不是靠单纯的内容质量突破的，而是采用了系统性的"冷启动"策略，尤其是一些巧妙增加初期互动的方法。换句话说，光靠埋头苦干是不够的，还要学会聪明地干。就像打游戏，与其一个人玩，不如找队友组团。

4.2.2 AI 辅助"冷启动"的 4 阶段策略

了解到这些问题以后，接下来讲如何利用 AI 技术系统性解决"冷启动"问题。成功的"冷启动"策略可分为以下 4 个关键阶段。

（1）快速建立账号基础（1 ~ 5 篇内容）

"冷启动"的第一阶段目标是快速建立账号基础，让算法初步认识你的账号定位和内容风格。这就像相亲时的第一印象，要让对方知道你是什么人，有什么兴趣爱好。这样你能做什么、提供什么价值都一目了然，别人也会关注你。

在初期，我们可以尝试利用 AI 高效创建基础内容矩阵，其提示词如下。

请基于我的账号定位，设计一个包含 5 篇基础内容的"冷启动"矩阵。

账号定位：[你的账号定位]

内容领域：[你的内容领域]

目标受众：[你的目标读者]

请提供以下内容。

◆ 5 篇互补性内容的详细规划。

- 每篇内容的核心主题和角度。

- 内容类型多样性考量（如指南型、分享型、清单型）。

- 难易度和深度的梯度安排。

- 相互引用和连接策略。

◆ 每篇内容的结构设计。

- 引人入胜的开场方式。

- 主体内容的组织框架。

- 互动引导设计。

- 视觉元素安排建议。

◆ 发布策略建议。

- 最佳发布时间和频率。

- 内容发布顺序和逻辑。

- 每篇内容的预期目标和指标。

有一位学员刚开始做家居改造账号时，我们用这个方法给他设计了 5 篇基础内容：入门改造指南、预算控制技巧、小户型案例分析、常见工具介绍、新手避坑指南。这组内容从不同角度展示了他的专业领域，形成了完整的体系，而不是零散的单篇。短短一周内，算法很快就给他贴上了"家居改造博主"的标签，后续内容的初始曝光量明显提升。

有一位做职业培训的学员，用 AI 设计的基础内容矩阵覆盖了入门知识、常见问题、工具推荐、案例分析和趋势解读 5 个方面。这种多维度内容结构让算法快速理解了他的账号定位，也为读者提供了全面价值。原本预计需要两周完成的内容规划，借助 AI，只用一个晚上就完成了！

实操要点如下。

- 确保 5 篇内容形成完整体系，而不是简单的重复（不是炒 5 次"冷饭"）。
- 每篇内容都应有明确的价值主张，解决特定问题（实用性为王）。
- 控制创作周期，理想情况下 5 ~ 7 天内完成发布（速度很重要）。
- 保持视觉风格一致性，建立账号识别度（让人一眼认出是你）。

（2）触发初始互动（6 ~ 10 篇内容）

基础建立后，第二阶段的核心目标是触发初始互动，突破算法的第一道门槛。这就像餐厅开业初期，要想办法吸引第一批客人进门尝试。这时，互动是最重要的指标。

在一开始的互动策略，我们也可以借助 AI 实现。

请为我设计 5 篇具有高互动潜力的内容框架。

账号现状：'冷启动"期，已发布 5 篇基础内容。

账号定位：[你的账号定位]

互动目标：提高评论和收藏率。

请提供以下内容。

◆ 5 个高互动潜力内容创意。

  ● 每个创意的互动触发点分析。

  ● 情绪共鸣和价值冲突设计。

  ● 预期互动类型（评论 / 收藏 / 分享）。

  ● 与目标受众痛点的连接策略。

◆ 互动引导设计。

  ● 3 ~ 5 个自然植入的读者提问设计。

  ● 分享邀请的情境化表达。

  ● 评论互动游戏或挑战构想。

  ● 引导收藏的价值暗示技巧。

◆ 互动培养策略。

  ● 回复模板和互动延展建议。

  ● 首批评论者激励机制。

- 互动数据收集和分析方法。

- 根据初期互动调整内容方向。

我尝试过 AI 推荐的"读者问题征集"策略，在一篇关于创业经历的内容末尾加了一个简单的问题："你认为创业最难的是什么？请在评论区告诉我，我将在下期内容中解决这个问题。"没想到这个简单的互动带来了 23 条真实评论，是以前内容评论的 5 倍。更关键的是，这些评论提供了宝贵的用户需求信息，成为我后续 3 个月的内容灵感来源。

实操要点如下。

- 选择情感共鸣强或解决明确痛点的内容。

- 在标题和开场中使用问句增加互动感。

- 设计显眼且自然的互动引导区域。

- 及时回复每条评论，培养互动氛围。

（3）建立算法信任（11 ~ 15 篇内容）

获得初步互动后，第三阶段的目标是建立算法信任，提高账号权重和内容被推荐的概率。这就像试用期转正，需要稳定表现证明自己的价值。这时，我们就一定要启动互动策略，这样才能获得更多的数据，帮助我们规划后续的内容。

对此，我们可以使用以下 AI 辅助词。

请分析我现有内容的表现数据，并设计优化策略。

内容数据如下。

［提供前 10 篇内容的标题和主要数据，如浏览量、互动量等］

请提供以下内容。

◆ 数据分析与洞察。

- 表现最佳和最差内容的对比分析。
- 互动模式和用户兴趣点识别。
- 内容类型与表现关系解读。
- 潜在的优化机会识别。

◆ 下一阶段内容优化策略。

- 5 篇基于数据的内容主题建议。
- 标题和开场优化指导。
- 内容结构和互动设计改进。
- 发布时间和频率调整建议。

◆ 算法信任建立策略。

- 内容一致性与差异化平衡建议。
- 账号互动行为规范和建议。
- 潜在的算法偏好因素分析。
- 账号权重提升的关键指标。

数据分析真的能带来进步。我发现我的内容中，创业感悟类分享内容的互动率是普通分享内容的 3 倍多，而且在晚上9:00—10:00 发布的内容表现明显好于其他时段发布的内容。

原因可能是我们的很多用户都是在这个时段心情不好，所以想看一看别人的感悟以给自己增强信心。因此，我干脆把所有笔记的发布时间都改了，很多笔记的浏览量就比以前得到大幅提升。

通过 AI 分析，我发现我们自己频道的操作步骤类内容的互动率是理论讲解类内容的 2 倍。所以，我们调整了内容比例，账号的粉丝数量和变现增长明显加速。最有意思的是，我发现周日晚上 8:00 发布的内容表现特别好。后来，我才明白这是因为目标用户（创业者）在这个时间正为周一的工作做准备，特别需要根据我分享的内容做决策。

实操要点如下。

- 建立稳定的发布频率，提高账号的可预测性。
- 深入分析高互动内容的共同特征并复制。
- 对表现不佳的内容及时进行调整。
- 保持内容质量和互动率的稳定性。

（4）突破增长瓶颈（16 ～ 20 篇内容）

最后阶段的目标是制造突破点，实现粉丝和互动的质的飞跃。这相当于从普通演员成为主角，需要一个"高光时刻"。在这里，我们需要设计潜在爆款内容，让整个账号的流量涨起来。一般来说，我们在这一步会开始大量找爆款、做对标，挑选至少 10 篇特别容易火爆的内容出来。这样结合以前的内容积累，整个账号就做起来了。

但是，现在有了 AI，我们可以让它继续给出方案，作为一开始寻找爆款、做决策时的参考。

请设计一个潜在爆款内容的完整方案。

账号现状：已有 15 篇内容，初步建立互动基础。

账号定位：[你的账号定位]

目标：创造突破性增长。

请提供以下内容。

◆ 爆款内容创意设计。

　● 3 个潜在爆款内容创意。

　● 每个创意的差异化优势和爆点分析。

　● 市场需求和时机评估。

　● 创意执行难度和资源需求。

◆ 选定创意的完整执行方案。

　● 详细内容大纲和结构设计。

　● 标题优化和测试策略。

　● 视觉元素规划和创意。

　● 发布时机和预热建议。

◆ 推广与扩散策略。

　● 站内站外推广方案。

　● 首批互动准备与社群动员。

- 互动高峰期运营策略。
- 热度延续和转化设计。

实操要点如下。

■ 倾注更多资源打造 1 ~ 2 篇潜在爆款内容，而不是平均
用力。

■ 选择话题性强或情绪触发力强的主题。

■ 在内容发布前做好充分准备和预热。

■ 内容发布后 24 ~ 48 小时是关键互动期，需重点运营。

4.2.3　6 大高互动内容模型：AI 助力突破"冷启动"期

除了 4 阶段策略，以下 6 种特定内容模型在"冷启动"期
特别有效，能够显著提高互动率和算法推荐概率。

（1）疑问解答型内容

直接回答目标受众的核心疑问的内容，互动率通常比一般
内容高一倍以上。其 AI 辅助方法如下。

请帮助我挖掘［我的领域］中目标受众的核心疑问。

目标受众：［你的目标受众］

内容领域：［你的内容领域］

请提供以下内容。

◆ 20 个高搜索量核心疑问。

- 问题的具体表述和变体。
- 问题背后的痛点和情绪需求。
- 搜索意图和解决方向分析。
- 竞争度和回答空间评估。

◆ 精选 5 个最适合我的问题。

- 与我定位的匹配度分析。
- 回答难度和专业性要求。
- 互动潜力和传播可能性。
- 差异化回答的角度建议。

◆ 为每个问题设计回答框架。

- 引人入胜的开场设计。
- 核心解答结构和逻辑。
- 配图和视觉辅助建议。
- 互动引导和延展设计。

关于"冷启动"期的内容无人问津，我发现一个简单但有效的方法——直接回答用户问题。我搜索"创业"这个关键词，发现很多人在问："想辞职创业，没项目，怎么办？"我专门创作了一篇回答这个问题的笔记，详细说明了 5 种解决方案。这篇笔记不仅收获了超高的收藏率，而且成为我"冷启动"期的转折点，后面几篇的流量都很稳定。这篇笔记到现在已经发布快 3 年了，还在持续带来新粉丝，完全是长效内容。

（2）对比揭秘型内容

用户在好奇心的驱动下，看到展示鲜明对比或揭露未知内幕的内容更愿意互动。就像你绝对会点开"你以为 vs 真实情况"这类标题的内容一样。其 AI 辅助方法如下。

请为我设计一个对比揭秘型内容框架。

内容领域：［你的内容领域］

对比主题：［你想对比的事物／观点］

请提供以下内容。

◆ 对比框架设计。

- 最具冲突性的 3 ～ 5 个对比维度。

- 每个维度的具体对比点和数据。

- 视觉呈现的对比表格或图表。

- 公平客观的评价标准设定。

◆ 内幕揭秘元素。

- 3 ～ 5 个鲜为人知的行业内幕。

- 常见认知误区与真相对照。

- 揭秘内容的可信来源和支持。

- 避免争议和负面影响的策略。

◆ 内容叙述策略。

- 吸引注意的标题设计（3 ～ 5 个选项）。

- 悬念设置和信息递进结构。

- 个人立场与客观分析的平衡。
- 读者参与的对比讨论设计。

（3）个人突破型内容

分享个人经历和成长突破的内容，能够引起强烈的情感共鸣，互动率通常较高。大家都喜欢听真实的故事，尤其是那些"我曾经也像你一样困惑 / 痛苦 / 迷茫"的故事。其 AI 辅助方法如下。

请帮助我将个人经历转化为共鸣型内容。

我的经历概述：[简述你的经历或突破]

目标受众：[你的目标受众]

价值传递：[你希望传递的核心价值]

请提供以下内容。

◆ 叙事结构设计。

- 引人入胜的开场冲突设置。
- 经历的戏剧化叙述框架。
- 转折点和关键时刻强化。
- 结局和启示升华设计。

◆ 共鸣点强化策略。

- 5 ~ 8 个核心情感共鸣触发点。
- 普遍性与独特性的平衡表达。
- 读者可能的情感反应预测。

- 避免过度自我和说教的技巧。
- ◆ 价值转化设计。
  - 从个人经验到通用启示的提炼。
  - 实用建议和行动指南设计。
  - 读者代入感增强技巧。
  - 互动引导与经验交流设计。

我自己在"冷启动"期创作了一篇主题为"如果你还在迷茫……这几个方法来创业"的笔记，坦诚分享了我最初创业时遇到的各种糟心事，以及如何一步步改善生活环境的经历。这篇笔记意外获得了大量共鸣和感谢，许多人在评论中分享自己类似的经历。真实的个人故事，尤其是那些展示脆弱和成长的故事，往往比完美的教程更能打动人。

（4）工具资源型内容

分享实用工具、资源或模板的内容，具有明确的实用价值，收藏率通常较高。这类内容就像免费的礼物，谁不喜欢呢？其 AI 辅助方法如下。

请为［我的领域］创建一个高价值的工具资源合集。

目标受众：［你的目标受众］

核心需求：［受众的核心需求］

资源类型：［工具／模板／资源列表等］

请提供以下内容。

◆ 资源筛选与分类。

- 12 ～ 15 个最具价值的资源 / 工具。

- 资源的分类和逻辑组织。

- 每个资源的核心价值点提炼。

- 资源组合的完整性和互补性。

◆ 资源呈现框架。

- 每个资源的介绍结构和重点。

- 实用建议和使用场景推荐。

- 对比分析和个人推荐逻辑。

- 视觉呈现和信息设计建议。

◆ 价值强化策略。

- 资源价值的量化和具体化表达。

- 稀缺性和独特性的强调策略。

- 收藏价值的明确传达。

- 读者补充和讨论的引导设计。

（5）避坑指南型内容

揭示常见误区和解决方案的内容具有强烈的规避风险需求，互动意愿高。毕竟，人人都怕"踩坑"，别人踩过的"坑"就是你的宝藏。其 AI 辅助方法如下。

请为［我的领域］创建一个避坑指南框架。

目标受众：［你的目标受众］

常见问题：[该领域的常见误区]

请提供以下内容。

◆ 系统性避坑框架。

- 8 ~ 10 个最常见的严重误区。
- 每个误区的具体表现和危害。
- 误区形成的原因和心理分析。
- 系统性的分类和组织逻辑。

◆ 解决方案设计。

- 每个误区的具体解决策略。
- 专业知识点和原理解释。
- 实操步骤和注意事项。
- 成功案例或反面教材引用。

◆ 内容强化元素。

- 警示性强的标题设计。
- 视觉化的误区表现设计。
- 个人经验和教训的融入点。
- 读者互动的避坑分享设计。

（6）热点解读型内容

结合时下热点的解读性内容，借势热点流量，引发讨论共鸣。这就是"蹭热点"的高级玩法，但要做得有品位。其 AI 辅助方法如下。

请帮助我将［当前热点］与我的领域专业结合。

热点事件：［当前热点事件／话题］

我的领域：［你的专业领域］

结合角度：［预期的结合方向］

请提供以下内容。

◆ 热点与专业的结合点分析。

　● 3～5 个最自然的结合角度。

　● 每个角度的新颖性和差异化分析。

　● 目标受众的潜在兴趣点。

　● 避免生硬或牵强的策略。

◆ 内容框架设计。

　● 热点简明介绍与切入设计。

　● 专业解读的逻辑结构。

　● 个人观点与客观分析的平衡。

　● 结论和延展思考设计。

◆ 热点借势策略。

　● 最佳发布时机判断。

　● 相关话题和标签建议。

　● 讨论引导和互动设计。

　● 避免敏感风险的边界设计。

4.3 AI 辅助 SEO：提升笔记搜索曝光的 5 个关键技巧

我有一篇名为"赚钱野路子"的小红书笔记，浏览量远超我精心制作的其他笔记。我分析后发现，这篇笔记有 90% 的流量来自搜索，而我的大多数作品几乎没有搜索曝光。从那时起，我所有的笔记都会做小红书 SEO（Search Engine Optimization，搜索引擎优化）策略。现在我 60% 的流量来自搜索，单篇笔记的最高搜索量已超过 20 万次。

在小红书上，内容曝光主要有两大来源：首页推荐流量和搜索流量。与算法推荐的不可预测性相比，搜索流量具有长尾效应和稳定性，一篇优化得当的笔记可以持续数月甚至数年获得搜索曝光。小红书官方数据显示，平台的每日搜索次数已超过 3 亿次，高搜索量加上精准意图使其成为创作者不容忽视的流量"金矿"。

然而，大多数创作者只关注如何讨好推荐算法，却忽略了 SEO 这个更加可控、更具持久价值的流量来源，就像在金矿旁边挖土一样，错过了真正的宝藏。

本节将深入探讨如何利用 AI 技术系统性提升小红书笔记的搜索表现，帮助你挖掘这座被低估的流量宝藏。不管你是刚起步的新手，还是已经有一定粉丝基础的博主，这些技巧都能帮助你获得更稳定、更精准的流量。

4.3.1　小红书搜索算法解析：理解才能精准优化

在学习具体优化技巧前，我们需要先了解小红书搜索算法的基本逻辑和评判医素，这是所有 SEO 策略的基础。就像要烹饪美食，首先要了解食材的特性；要驾驶汽车，首先要知道它的操控逻辑。

根据对大量搜索数据的分析和小红书官方披露的信息，小红书搜索排名主要考虑以下 4 个方面。

（1）关键词匹配度——算法的"第一印象"

搜索引擎首先考虑内容与用户搜索词的匹配程度，包括精确匹配和语义匹配。这就像相亲，如果连基本条件都不符合，其他方面再好也没机会了。

关键词匹配不只是简单的字符匹配，而且是包含语义理解的复杂系统。小红书会分析用户的搜索意图。例如，"减肥食谱"和"瘦身餐单"虽然用词不同，但搜索意图相似，因此内容也可能在两个关键词下同时获得排名。

我们有一位学员曾经创作了一篇关于客厅收纳技巧的笔记，但发现在"客厅整理方法""客厅杂物收纳"等多个相关搜索词下都有排名，这就是语义匹配的结果。算法懂得"收纳"和"整理"在这个语境下是相近概念。

（2）内容质量信号——算法的"实质评判"

算法通过多种信号评估内容质量，包括完整性、专业度、原创性等。这就像相亲对象的性格品质，外表匹配只是第一步，内在匹配才是长久相处的基础。

小红书越来越重视内容的实质价值，而不是表面的互动数据。同等条件下，提供详细步骤和专业解释的内容比简单分享更容易获得高搜索排名。

我们有一位学员做了关于租房改造的系列内容，那些包含详细步骤、多角度展示、清晰解释的笔记在搜索中表现明显好于那些只有结果展示的笔记。特别是一篇关于出租屋改造全过程的笔记，因为包含从测量、设计、采购到实施的完整流程，长期占据相关搜索的前列。

（3）用户行为数据——算法的"群众投票"

用户对内容的互动行为，如点击率、完读率、收藏率等，直接影响搜索排名。这就像餐厅的口碑，再好的宣传不如真实顾客的评价有说服力。

搜索结果中的点击行为是最强烈的质量信号。我发现当一篇笔记在搜索结果中获得高点击率和高完读率后，其排名通常会在 1 ～ 2 周内显著提升。

（4）账号权重与历史表现

创作者的平台权重和历史内容表现也会影响新内容的搜索

排名。这就像你的社会信用，历史记录良好的人往往更容易获得信任。

平台明显偏好那些在特定领域持续创作高质量内容的账号。我在创业领域发布了 30 多篇笔记后，新发布的相关笔记通常能在 2 ~ 3 天内获得较好的搜索排名，而初期则需要 2 ~ 3 周。

在开始优化前，我们还需要了解几个常见误区，避免走弯路。

（1）关键词堆砌越多越好

很多人以为 SEO 就是堆关键词，把文章塞满目标关键词就能排名靠前。事实上，过度堆砌关键词不仅不会提升排名，还可能被算法视为低质量内容而降权。

真相：小红书算法已经非常智能，它不仅看关键词的出现频率，更看重语义匹配和自然度。我曾做过一个实验，在两篇相似的笔记中，一篇自然融入关键词，另一篇刻意堆砌，结果前者的搜索表现远好于后者。关键词如同调味料，适量添加才能提味，过多则会破坏整体口感。

（2）互动数据决定搜索排名

很多创作者认为点赞数多、收藏数多的内容自然会在搜索中排名靠前。

真相：虽然互动数据是影响内容被推荐的因素之一，但内容相关性和质量是更基础的排名因素。很多搜索排名靠前的内容，其互动数据并不突出。我有一篇关于线上创业的内容，点赞数不到 100 个，但在搜索"小红书创业"时排名前三，每天带来稳定流量，因为它精准地解答了搜索用户的问题。

（3）SEO 与推荐算法优化冲突

一些创作者担心做 SEO 会影响推荐流量。

真相：优质的 SEO 策略不会影响推荐流量，反而可能在提升内容质量的同时增强两种流量。我的一篇"创业野路子"笔记在针对搜索做了优化后，不仅搜索流量增加了，推荐流量也有所提升。因为优化过程实际上提高了内容的整体质量和用户价值。

（4）一次优化，永久有效

一些创作者认为做 SEO 是一次性工作。

真相：搜索算法不断进化，竞争环境持续变化，有效的 SEO 需要定期更新策略和内容。我曾有一篇排名稳定的笔记，半年后排名突然下滑，分析发现是有新的、更全面的竞争内容出现。更新内容后，排名重新提升。由此可见，做 SEO 策略是一场马拉松，不是短跑。

最大的误区是很多创作者认为 SEO 就是简单地堆砌关键词。实际上，现代搜索算法追求的是提供用户体验最佳的内容，真正有价值的内容才是 SEO 的核心。

4.3.2　AI 辅助 SEO 策略的 5 个关键技巧

了解了搜索算法的基本逻辑，接下来讲述具体怎样用 AI 提升内容在小红书上的曝光率。

（1）AI 辅助关键词研究与选择

高效的关键词研究是 SEO 的基础，AI 可以帮助你快速识别最有价值的目标关键词。就像淘金，你需要先知道哪里可能有金子。其 AI 辅助方法如下。

请为我的［内容三题］进行全面的小红书关键词研究。

内容主题：［你的具体主题］

创作目标：［信息分享、种草带货、品牌推广等］

请提供以下内容。

◆ 核心关键词分析。

- 主题相关的 15 ~ 20 个核心搜索词。

- 每个关键词的搜索意图分析。

- 预估搜索量级（高 / 中 / 低）。

- 竞争难度评估（1 ~ 10）。

◆ 长尾关键词挖掘。

- 30 ~ 40 个相关长尾关键词。

- 按子主题 / 意图分类。

- 特别标注低竞争、高价值的机会点。

- 问句式和需求式关键词分析。

◆ 关键词优先级建议。

- 综合考虑搜索量、竞争度、相关性的优先排序。
- 内容创作时的关键词组合策略。
- 首批测试的关键词推荐。
- 不同创作阶段的关键词策略建议。

SEO 策略一定跟关键词优化有关。我们整理出行业中用户最容易搜索的关键词，然后在内容里多次提到这个关键词，这样大数据就会检测到我们的内容是跟这个关键词高度关联的。当用户搜索这个关键词时，我们的内容就会出现在前排。例如，你做了一篇情感类内容，里面出现了 15 次"分手"，并且点赞和收藏数据都不错，那么用户在搜索与分手相关的信息时，你的内容就会在前排。我发现很多细分关键词如"宠物赛道怎么做"虽然搜索量不如"小红书起号"大，但竞争少很多，容易获得好排名。有意思的是，AI 帮助我发现了很多问句形式的长尾关键词，这些问句关键词的转化率极高，因为提问者通常有明确的需求。

AI 帮助我梳理的关键词图谱让我发现，很多用户搜索时经常用的是问句形式，如"新手化妆从哪里开始学"。针对这些问句优化后，我的一篇入门教程在 3 个相关搜索词上排名前三，带来了持续稳定的流量。转化也不低，因为搜索问题的用户通常更急于找到解决方案。

实操要点如下。

- 聚焦 2 ～ 3 个主要关键词和 5 ～ 8 个相关长尾词。
- 考虑搜索意图，而不是简单的词频。
- 优先选择竞争较低但相关性高的长尾词。
- 定期更新关键词库以跟踪趋势变化。

（2）AI 生成"SEO 友好"的标题

标题是搜索优化的第一道关卡，直接影响关键词匹配度和点击率。一个好标题应该既迎合算法，也吸引用户点击。其 AI 辅助方法如下。

请为我的内容设计 10 个基于 SEO 的小红书标题。

主要关键词：[你的目标关键词]

内容主题：[内容的核心主题和亮点]

次要关键词：[相关长尾关键词]

请提供以下内容。

- ◆ 10 个标题选项，每个都：
  - 精确包含主要关键词；
  - 自然融入 1 ～ 2 个次要关键词；
  - 控制在 20 字以内；
  - 包含吸引点击的情感触发词。
- ◆ 对每个标题进行分析。

- SEO 友好度评分（1 ~ 10）。
- 点击吸引力评分（1 ~ 10）。
- 关键词覆盖情况。
- 独特卖点和差异化元素。

◆ 标题测试建议。

- A/B 测试组合建议。
- 不同标题风格的转化预测。
- 避免关键词拥堵的问题。
- 移动设备显示优化建议。

实操要点如下。

- 确保主关键词尽量靠前出现。
- 标题风格既要满足搜索优化，又要吸引点击。
- 在保持自然的同时覆盖多个相关关键词。
- 考虑使用"关键词 A| 关键词 B"的分隔结构。

（3）AI 优化内容结构与格式

内容结构直接影响用户体验和停留时间，进而影响搜索排名。好的结构就像一本好书的章节安排，让读者既能轻松阅读，又能获取所需信息。其 AI 辅助方法如下。

请为我的［主题内容］设计一个搜索友好的内容结构。

主题：［你的内容主题］

目标关键词：［主要关键词和长尾词］

内容类型：[教程、测评、清单、分享等]

请提供以下内容。

◆ 整体结构框架。

　　● 引人入胜且包含关键词的开场。

　　● 内容主体的清晰分段和层次。

　　● 小标题系统和过渡设计。

　　● 有效的总结和结尾设计。

◆ SEO 元素布局建议。

　　● 关键词自然分布策略。

　　● 小标题中的关键词安排。

　　● 重点段落和强调部分设计。

　　● 视觉元素与文本的优化配合。

◆ 用户体验优化。

　　● 提升完读率的结构技巧。

　　● 降低跳出率的内容"钩子"。

　　● 移动端阅读体验优化。

　　我发现在小红书上，清晰的结构比堆砌关键词重要得多，用户更喜欢清晰的结构。例如，将一篇关于"创业避雷"的笔记从长段落改为"短段落＋清晰小标题＋要点列表"后，完读率提高了 35%。

　　我使用 AI 帮助设计的"核心问题—分步解答—常见疑问"

三段式结构后，搜索排名随之上升。最重要的是，这种结构让用户能快速定位到自己关心的部分，大大提升了内容的实用性。现在我的每篇笔记都遵循这个基本结构，只在具体细节上调整，既保证了用户体验的一致性，也提高了我的创作效率。

实操要点如下。

- 用引人入胜的开场白留住读者。
- 善用小标题和分段，增强可读性。
- 关键词应自然融入内容，尤其是开头段落。
- 内容结构要符合移动端阅读习惯。

（4）AI 生成长尾问答内容

针对性回答用户问题的内容在搜索中表现特别优异。这很好理解，用户搜索的很多内容本身就是问题形式，直接回答这些问题自然容易获得匹配。其 AI 辅助方法如下。

请基于以下问题设计一个全面的问答式内容。

主问题：[用户经常搜索的问题]

相关问题：[3 ~ 5 个相关延伸问题]

我的专业背景：[你的相关经验 / 知识]

请提供以下内容。

- ◆ 主问题的深度解答。
  - 清晰直接的核心答案。
  - 分步骤或分要点的详细解释。

- 原理分析和背景知识补充。
- 实用示例和应用场景。

◆ 相关问题的简明回答。

- 每个延伸问题的简洁解答。
- 与主问题的关联说明。
- 差异点和特殊情况分析。
- 进一步探索的引导。

◆ 增强搜索发现的元素。

- 巧妙融入其他长尾关键词的段落。
- FAQ 形式的额外问答部分。
- 专业词汇解释和知识点拓展。
- 用户可能提出的疑问预答。

我发现以问题为标题的内容的搜索表现特别好。"创业怎么更省钱"这篇问答式笔记虽然粉丝互动一般，但连续 6 个月稳定带来每天 200 多人次的搜索流量，累计已超过 4 万人次浏览。最有趣的是，通过分析用户从这篇笔记的跳转行为，我发现了更多相关问题，这些都成了我后续内容的选题。由此可见，问答内容就像撒网捕鱼，能持续不断地带来精准流量。

实操要点如下。

■ 使用完整问句作为标题或小标题。

■ 在开头直接给出明确答案。

■ 提供深度解释和拓展信息，增加权威性。

■ 预测并回答相关问题，增加内容的完整性。

（5）AI 辅助专业术语与权威性增强

适当使用专业术语可以增强内容的专业度和权威性，提升搜索排名。这就像医生给出诊断意见时，使用专业术语可以让患者产生信任感。其 AI 辅助方法如下。

请帮助我在保持可读性的前提下提升内容的专业权威度。

内容领域：[你的内容领域]

目标受众：[你的目标读者]

当前内容：[你的原始内容]

请提供以下内容。

◆ 专业术语增强。

● 识别可添加的关键专业术语。

● 每个术语的通俗解释和使用示例。

● 术语密度和放置建议。

● 避免过度专业化的平衡策略。

◆ 权威性元素添加。

● 可引用的研究数据或权威观点。

● 专业原理和机制的解释段落。

● 建立具有专业可信度的表达方式。

● 个人经验与专业知识的结合点。

◆ 内容校正与优化。

- 专业准确性检查和修正。

- 逻辑性和连贯性增强。

- 语言表达的专业化调整。

- 在专业和通俗之间的最佳平衡。

我发现适度增加专业术语和权威性元素对搜索排名有明显的提升。例如，我们的学员在一篇关于室内植物养护的内容中加入"光合作用""透气性基质"等术语并配以简明解释，以及引用一些园艺研究数据，搜索排名提升了 7 位。我的经验是保持 95% 的内容通俗易懂、5% 的专业术语和权威性元素，可以显著提升内容的可信度和专业性。

AI 在帮助我们保持内容通俗易懂的同时，增加了合适的专业深度，这种平衡对搜索表现非常有利。最重要的是，这些专业知识点通常会出现在用户的延伸搜索中，为我带来了额外的搜索流量。现在我们对每篇内容都会特意添加 2 ~ 3 个专业术语并做详细解释，既提升了权威性，又增加了内容的教育价值。

实操要点如下。

■ 确保专业术语使用准确且有解释；

■ 添加数据支持和研究引用，增强权威性；

■ 结合个人经验与专业知识，提升可信度；

■ 保持专业性与可读性的平衡。

4.4 AI 视频：创作者的 IP 加速器

"我明明有很多干货想分享，但一想到要拍视频就头大！"
这是我经常听到的创作者心声。在做内容方面，视频已成为最
有力的武器。但对许多创作者来说，制作高质量视频却是一场
持久战——耗时、耗力、耗神。AI 视频技术将成为创作者的秘
密武器，让创作者以更低的成本获得更高的回报。

传统视频创作面临的困境远比想象中严重。

（1）时间黑洞

据调查，一个时长 3 ～ 5 分钟的短视频，普通创作者平均
需要花 4 ～ 8 小时完成。其中，脚本准备花 1 ～ 2 小时，拍摄
准备和实际拍摄花 2 ～ 3 小时，后期剪辑和调整花 1 ～ 3 小时。
这还不包括反复修改的时间。

（2）多重技能要求

一个人要身兼数职——编剧、演员、导演、剪辑师……每
一项都有学习曲线。我们有一位学员是育儿博主，她告诉我：
"我明明是育儿专家，却要花大量时间学习构图、灯光、音效
这些与我的专业无关的技能。"

（3）表达障碍

不是所有专业人士都擅长口头表达。我们的学员李教授是

金融领域的权威，但他坦言："我在课堂上能滔滔不绝地讲 3 小时，但一面对摄像机我就结巴，需要无数次重来。"

（4）设备与环境限制

理想的拍摄需要良好的设备和环境。这种客观因素让很多创作者的更新频率极不稳定。

（5）持续创作压力

小红书和抖音的算法都偏好高频率更新的账号。调研显示，保持每周 3 ～ 4 次视频更新的账号，其互动率和粉丝增长速度比每周更新 1 次的账号高出约 2.7 倍。这种高频创作节奏让许多优质创作者不堪重负。

最讽刺的是，那些最有价值的专业知识往往被埋没，因为专家们无法跨越视频制作的技术门槛。学员陈医生告诉我："我有很多实用的健康知识想分享，但光是学习视频制作就让我望而却步，最终只能写文字，影响力大打折扣。"

AI 视频技术恰恰能解决这些痛点，让创作者回归内容本身，而不是被技术细节所困扰。

4.4.1　AI 视频脚本：5 大类型全方位模板

不同类型的视频需要不同的脚本结构。对刚起步的创作者来说，写视频脚本是难上加难。除了前面几章讲解的文案写作方法以外，我们整理了 5 种非常实用的视频类型及其对应的脚本模板。

（1）知识干货型脚本模板

这类视频适合分享专业知识、解析概念或教授技能，在小红书上尤其受欢迎。

请为我创作一个知识干货型视频脚本，主题是 [具体主题]。

目标受众：[受众特征]

视频长度：3 ~ 5 分钟。

风格要求：专业可信，但不生硬；通俗易懂。

请提供以下内容。

◆ 开场引子（10 ~ 15 秒）。

- 以问题或统计数据开场，点明痛点。

- 建立专业可信度（我的资格 / 经验）。

- 承诺视频价值（看完将获得什么）。

◆ 主体内容（分 3 ~ 5 个清晰知识点）。

- 每个知识点需要有概念解释、具体示例、实用建议。

- 每个点之间有明确的过渡语。

- 在关键处添加"干货提示"标记，便于视频中添加文字要点。

◆ 总结与行动指南。

　● 简洁复述主要观点。

　● 提供可立即执行的行动建议。

　● 设计互动问题，提高评论率。

◆ 标题建议（5 个选项，包含高点击关键词）。

◆ 文案亮点（视频中可强调的 3 ~ 5 个金句）。

◆ 封面文案建议（2 ~ 3 个选项）。

额外要求：

◆ 适当加入生活化比喻，帮助理解复杂概念；

◆ 语言要简洁有力，避免废话和填充词；

◆ 标注情感和语调变化建议。

（2）问题解决型脚本模板

这类视频直接解决特定问题，转化率通常较高。这种视频就像救生圈，被精准地给正在"溺水"的观众。

请帮助我创作一个解决［具体问题］的视频脚本。

目标受众：正在困扰于这个问题的［受众特征］。

视频长度：2 ~ 4 分钟。

风格定位：权威，但亲切，像专业朋友给建议。

请提供以下内容。

◆ 共情开场（15 秒）。

　● 描述问题场景，引起共鸣。

- 点明常见误区或尝试过的无效方法。

- 建立紧迫感（不解决会怎样）。

◆ 解决方案呈现（按步骤或方法）。

- 方案概述（总体思路）。

- 详细步骤（每步的具体操作）。

- 可能遇到的阻碍及应对办法。

- 预期效果及时间周期。

◆ 验证与佐证。

- 个人经验分享或客户案例。

- 相关数据或研究支持。

- 适用条件和注意事项。

◆ 结语与行动引导。

- 总结关键步骤。

- 鼓励立即行动。

- 留下延伸问题或分享邀请。

◆ 标题选项（至少 5 个，高转化率风格）。

◆ 关键帧文案（视频中需要强调的文字）。

◆ 互动引导问题（提高评论率）。

注意事项：

◆ 解决方案要具体可行，避免空洞建议；

◆ 加入时间节点提示；

◆ 语言要鼓舞人心，但不夸大效果。

（3）个人故事或经验分享型脚本模板

这类视频通过讲述个人经历建立情感连接，增强真实感和用户的信任度。

请为我创作一个个人经验分享型视频脚本，主题是［我在……方面的经历 / 心得］。

目标：通过真实故事传递价值，建立情感连接。

视频长度：3 ～ 6 分钟。

风格：真诚、情感化、有起伏。

请提供以下内容。

◆ 故事化开场（20 秒）。

　● 以关键时刻或转折点开始。

　● 设置悬念或问题。

　● 点明这个经历带来的改变。

◆ 经历主体（按时间或关键节点组织）。

　● 起因（为什么会有这段经历）。

　● 过程（经历了什么，感受如何）。

　● 转折点（什么改变了我的认知 / 行动）。

　● 结果（最终获得的成果 / 领悟）。

◆ 价值提炼（从故事中提取的启示）。

　● 我学到的 3 个关键教训。

　● 这些教训如何应用到观众生活中。

　● 可能面临的挑战和应对建议。

◆ 共鸣结尾。

- 回扣开头。

- 提出思考问题。

- 鼓励分享类似经历。

◆ 情感点标注（视频中需要情感强调的时刻）。

◆ 标题建议（情感共鸣型，5 个选项）。

◆ 评论互动话题（2 ~ 3 个能引发讨论的问题）。

特别要求：

◆ 加入具体细节和感官描述，增强临场感；

◆ 标注语调变化和停顿时刻；

◆ 保持真实，包括失败和挣扎的部分；

◆ 平衡个人故事与普遍价值。

（4）产品测评或种草型脚本模板

这类视频适合产品推荐、测评和使用体验分享类内容，带货效果好。

请创作一个［产品名称］的测评 / 种草视频脚本。

产品类型：［具体类别］

目标受众：［潜在购买者特征］

视频长度：4 ~ 6 分钟。

测评角度：［专业测评、普通用户体验、性价比分析等］

请提供以下内容。

- ◆ 吸引开场（15 秒）。
  - 产品的核心卖点或解决的主要问题。
  - 使用前后对比或惊喜点。
  - 为什么选择测评这款产品。
- ◆ 产品介绍。
  - 基本信息（品牌、价格、定位等）。
  - 外观和包装展示要点。
  - 规格和特色功能。
- ◆ 实际使用体验（分场景或功能点）。
  - 每个场景或功能的表现评价。
  - 使用感受和实际效果。
  - 与同类产品的对比优势。
  - 真实展示使用过程和效果。
- ◆ 优缺点分析。
  - 3 ～ 5 个明显优点（具体说明）。
  - 1 ～ 3 个不足之处（诚实，但不过分批评）。
  - 适合的使用场景和人群。
- ◆ 购买建议与总结。
  - 性价比评价。
  - 购买渠道和价格提示。
  - 最终推荐程度和使用建议。

◆ 拍摄建议。

- 需要特写展示的细节。

- 需要演示的功能点。

- 适合的背景和灯光。

◆ 标题选项（吸引点击的 5 个选项）。

◆ 关键画面文案提示。

◆ 互动引导（询问观众对产品的看法或需求）。

额外要求：

◆ 保持客观真实，避免过度营销语言；

◆ 明确标注个人观点与客观事实的区别；

◆ 包含实际使用场景，不仅是产品展示；

◆ 适当加入幽默元素，活跃氛围。

（5）生活方式或 Vlog 型脚本模板

这类轻松自然的视频展现生活方式可以让用户产生亲近感，适合培养粉丝黏性。

请创作一个［生活方式或日常］类 Vlog 视频脚本，主题是［具体场景］。

风格定位：轻松自然，有生活质感。

视频长度：3 ~ 7 分钟。

氛围要求：［温馨、治愈、积极向上、慢生活等］

请提供以下内容。

◆ 场景导入（10 ～ 15 秒）。

- 环境氛围描述（时间、地点、心情）。

- 今天想分享的主题或活动。

- 简短的个人状态分享。

◆ 主体内容（按时间顺序或场景组织）。

- 每个场景的情绪和感受描述。

- 需要展示的细节和画面。

- 背景音乐风格建议。

- 旁白或自然对话内容。

◆ 生活思考或分享。

- 今天的收获或感悟。

- 与观众的共鸣点。

- 小技巧或建议分享。

◆ 自然结尾。

- 总结今天的感受。

- 下次内容预告或日常问候。

- 温和的互动邀请。

◆ 标题建议（生活感十足的 5 个选项）。

◆ 适合的背景音乐风格建议。

◆ 值得强调的生活细节或美学元素。

◆ 评论区互动话题。

特殊要求：

◆ 保持自然流畅，避免做作；

◆ 加入小惊喜或生活趣事；

◆ 平衡展示理想生活和真实状态；

◆ 注重情绪流动和节奏变化。

4.4.2 AI 视频剪辑：从素材到成片的自动化工作流

AI 视频剪辑正在彻底改变创作流程，将原本需要专业技能的剪辑过程变得简单高效。我们可以参照完整的 AI 剪辑工作流，学习 AI 如何从素材到成片全程辅助制作视频。

第一步，素材上传与分析。

■ 工具推荐：剪映专业版、Runway 等（见图 4-2）。

■ 操作方法：上传素材后，AI 会自动分析视频内容，识别人物、场景和动作。

图 4-2　剪映专业版 AI 剪辑界面

- 实用技巧：拍摄时尽量保持环境中光线稳定，有助于AI 更准确地分析素材。

第二步，自动初剪。

AI 会基于内容识别，自动删除类似片段、模糊镜头和停顿部分。在初剪阶段，AI 能节省 40% ~ 60% 的时间，特别是剪辑素材量大的视频时。例如，你一开始拍摄了 30 分钟的素材，AI 初剪后可能仅剩下 8 分钟，且保留了所有关键动作。

第三步，智能修剪与转场。

AI 能根据内容识别自然切点，进行智能修剪（见图 4-3），并且根据场景变化自动添加适合的转场效果。我们有很多学员反馈，认为 AI 转场甚至比自己手动添加的更自然。

图 4-3　把素材导入剪映专业版后进行智能素材分割

第四步，字幕生成与优化。

主流 AI 工具的准确率已达 95% 以上，中文识别也很出色。现在剪映中的 AI 已经能够根据视频风格自动推荐适合的字幕样式和位置，中英文的效果都非常好。对于术语较多的专业内容，可以上传术语表以提高识别准确率。

AI 视频技术正在改变内容创作的游戏规则。就像微波炉改变了烹饪一样，它不会取代厨师，但让做饭变得更容易。

AI 视频工具让创作者能够专注于最有价值的部分——专业知识和独特见解，而不是在技术细节上耗费大量时间。正如我的一位学员所说："AI 没有降低内容的价值，而是让我能以10 倍的效率分享我的专业知识。这不是偷懒，而是真正的效率革命。"

在内容创业的赛道上，速度和一致性往往比完美更重要。借助 AI 视频技术，你可以在算法和用户心智中赢得更多机会，更快、更稳定地为用户提供价值。

第 5 章

AI 变现与商业扩展

5.1　多平台联动：AI 全渠道布局的流量放大策略

> "为什么同样的内容和努力，有些人能获得 10 倍的曝光和收入？因为他们不是单打独斗，而是构建了内容矩阵。"
>
> ——某头部 MCN 机构创始人

5.1.1　为什么你需要一个矩阵

内容矩阵是指围绕同一 IP 或品牌，在多个平台上建立的由多个账号组成的内容生态系统。每个账号有不同角色的任务，但共同服务于品牌的整体流量和商业目标。就像漫威电影有钢铁侠、美国队长等不同角色，它们共同构成了一个庞大的内容生态。内容矩阵同样是通过多个角色实现整体价值最大化。

账号矩阵也是这样，由一个个单一的账号链接起来形成网络，所有账号都给一个品牌或者一个 IP 引流。为什么单一账号已经不够用？因为单一账号存在以下瓶颈与风险。

- 算法风险：平台算法一变，单一账号流量可能暴跌。

- 受众局限：单一平台无法覆盖所有潜在用户。

- 商业限制：不同的商业化需求需要不同的账号定位。

- 成长受限：单一账号的粉丝增长会逐渐遇到瓶颈。

- 变现局限：某些变现方式可能不适合主账号人设。

在小红书平台发展早期，一个账号就能吃遍天下。但现在平台上的竞争太激烈，内容环境复杂，单一账号只能做一种内容。除非你是"大 V"，不然你的内容很容易让人感到乏味。但如果你什么内容都发，流量又容易不稳定。就像一个餐厅不可能同时满足早餐、商务宴请和情侣约会的需求一样，单一账号很难同时服务多种目标和受众群体。

另外，每个垂直领域都有自然的受众上限。学员小张做的婴儿辅食账号在粉丝数量积累到 10 万个后发展明显放缓，几乎接近该细分领域的天花板。所以，他又建立了孕期营养账号和幼儿营养账号，不仅打破了发展瓶颈，还形成了完整的"婴幼儿成长营养矩阵"。

如果你有 IP 矩阵，即使主账号受到冲击，其他账号仍能保持稳定，就能大大降低风险。这就像投资组合一样，分散风险才是长久之道。

内容矩阵具有以下 4 大优势：

- 流量联动放大：各平台、各账号间相互引流，形成流量闭环；

- 风险分散：单个账号遇到问题，不会影响整体收入；

- 受众全覆盖：不同的平台触达不同的人群，扩大品牌影响力；

- 变现多元化：不同的账号承担不同的变现方式，最大化收益。

我一直认为，内容矩阵是 IP 战略的一部分，这意味着你不再是孤军奋战的小溪，而是相互连通的河流网络。如果你在各平台都有对应的内容，那么这几个账号之间就会形成流量闭环。例如，小红书的图文吸引初步关注，视频号的短视频加深认识，B 站的长视频建立深度信任，公众号的文章沉淀忠实粉丝。更关键的是，用户会通过一个平台发现并关注 IP 在其他平台的账号，实现自然引流。

总之，单一平台是线性增长，多平台矩阵是指数级增长，因为每个平台都在为其他平台赋能。

5.1.2 内容矩阵的 3 大类型

根据目标和资源，内容矩阵主要有以下 3 种构建模式。

（1）跨平台矩阵（同内容多平台分发）

跨平台矩阵的核心特点如下：

- 相同 IP 在不同平台建立账号；

- 内容经过平台特性调整后多平台发布；

- 各平台相互引流，形成闭环。

这就像你有一道特别拿手的菜，想让更多不同区域的人尝到。跨平台矩阵就是把你的内容根据不同平台的特点稍作调整，然后发布到小红书、视频号、B 站、公众号等不同平台。喜欢看图文的人能在小红书找到你，爱看短视频的朋友能在视频号关注你，想了解更多细节的粉丝可以去 B 站看你的长视频，而需要系统学习的人则可以关注你的公众号。

这些平台之间可以互相引流。就像顾客在某家分店吃了你的菜，觉得特别好吃，然后发现你在其他地方也有分店，自然就会光顾。久而久之，你还担心他们不付费吗？

（2）同平台多号矩阵（差异化定位）

同平台多号矩阵的核心特点如下：

- 在同一平台运营多个不同定位的账号；

- 每个账号有明确的内容和受众定位；

- 账号之间形成互补关系，而不是竞争关系。

这就像在同一个商场里开了几家不同类型的店，有专卖甜品的，有主打正餐的，有只卖饮料的。虽然店主是同一个人，但每家店都有明确的定位，顾客不会感到混乱，反而更容易找到自己想要的。

我们的联合创始人 Matthew 在小红书上打造留学申诉的 IP（见图 5-1），就是通过矩阵打法，在小赛道打出了"品牌感"（见图 5-2）。

图 5-1　Matthew 的个人小红书账号

图 5-2　润途留学的品牌 IP 矩阵

我们的学员"远行宠物"用多个账号抵消风险，每个账号的粉丝数不高，但都很精准，多个账号在小红书上形成了品牌效应（见图 5-3）。

图 5-3　学员"远行宠物"用多个账号抵消风险

不同的账号分别承担不同的职能：主账号负责积累粉丝和打造个人 IP，机构号负责带货和商务合作，垂直号负责吸引特定人群并引流至主账号。

（3）全域内容矩阵（最完整布局）

全域内容矩阵的核心特点如下：

- 跨平台、多账号的完整布局；
- 构建从内容种草到最终转化的完整链路；
- 形成"私域＋公域"的全覆盖。

全域内容矩阵不仅在多个平台上建号，在每个平台上还有多个不同定位的账号。这种方式就像一个大型连锁餐饮集团，不仅在全国各地都有分店，而且有高档餐厅、平价快餐、咖啡店等多种业态，满足不同消费者在不同场景下的需求。

典型案例就是我们自己，这也是我们的变现能跑赢无数百万粉丝"大 V"的原因。我们在小红书运营了 3 个账号。

- 个人主账号"然冉说"，专门分享商业思维和思考，建立专业度和差异性。
- 女性成长账号"然冉在路上"，分享认知和生活感悟，建立亲切感，吸引泛流量。
- 针对海外华人变现的账号"Anni 海外生意经"，分享海外创业和赚钱的机会。
- 专业机构号"安创·星华自媒体学苑"，塑造专业感。

这种全方位的内容矩阵策略让我们的影响力和收入比只在一个平台运营账号高出数倍。当然，这需要更多的资源投入，并不是每个创作者一开始就能做到的。但是，只要你在一个账号上做出了成绩，就开始布局整体的矩阵之路，这样时间越长，你的影响力和变现力都会指数级增长。

5.1.3　个人号与机构号：明确定位才能发挥最大价值

个人号与机构号有什么不同？

个人号就像一位邻家大厨，亲切地跟你分享他做菜的心得和生活故事；而机构号则像一家正规的餐厅，更注重专业的菜品测评和标准化的服务。

个人号的特点是以个人的形象和生活为中心，就像跟朋友聊天一样自然。你可以分享个人经历、感受和观点，建立与粉丝之间的情感连接。个人号特别适合让用户产生亲近感和信任感，让粉丝感觉是在跟一个真实的人互动，而不是冰冷的机构（见图 5-4）。

图 5-4　陆乔安的个人小红书账号

机构号的特点是更像一个专业的组织或团队，注重客观的信息分享和专业测评。机构号通常给人更权威、更系统的感觉，特别适合那些需要建立专业形象或计划大规模商业合作的创作者（见图 5-5）。

图 5-5　陆乔安的机构小红书账号

需要强调的是，个人号和机构号的区别不只是有没有人物出镜那么简单，而且是内容定位和价值主张的本质差异。简单地说，个人 IP 彰显亲切感，机构 IP 彰显专业感。

既然两种账号的特点不同，自然也适合不同的变现方式。

如果你做的是个人号，那么用户主要是买你的经验。你的变现可以来源于跟用户的情感链接，你可以开基于个人 IP 的付费课程，分享你的经验和方法；或者通过情感共鸣推荐产品，这种带有个人背书的推荐往往更有说服力；还可以提供一对一咨询服务，因为粉丝对你的信任来源于"情感"。

对于机构号，用户买的是专业。人们更倾向于相信机构发布的客观评价或专业的数据分析和报告，所以机构号做的这些内容看起来更权威；机构号也可以提供标准化的专业服务和教程，让人感觉是在购买一个机构的专业能力，而不只是一个人的经验。

例如，你如果想做服装方向的矩阵，就可以创建两个账号：一个个人号叫"××的穿搭日记"，主要分享穿搭经验、干货小知识（都是基于经验）；另一个机构号叫"时尚测评研究所"，专门做产品测评和带货。两个账号的变现方式互补，这样才能相互赋能。

新手如何选择起步号的类型呢？

对于大部分新手，我建议从个人 IP 开始。因为现在机构号之间的竞争太激烈，大家都厌倦了。自媒体是跟用户情感链接的行业，如果你没有太多经验，在这个领域拼"权威"，基本等同于失败。

但如果你做的是个人 IP，后面可以衍生很多个专业的机构号。只要你能抓住用户的情绪，就可以很快地起号。

5.1.4　如何用 AI 规划自己的第一个内容矩阵

即使资源有限，新手也可以通过合理规划，逐步建立自己的内容矩阵。最简单的内容矩阵是"1 个主平台 +1 个辅助平台"或"1 个主账号 +1 个辅助账号"的组合。例如，主账号做个人 IP，机构号做案例库；或者主账号做个人 IP，机构号做测评。

在起步的时候，我们也可以用 AI 辅助做矩阵，其参考提示词如下。

请帮助我设计一个起步阶段的内容矩阵规划。

我的领域：［你的内容领域］

个人特点：［你的特点和优势］

可投入时间：[每周可投入的时间]

初步目标：[短期目标]

请提供以下内容：

- 适合我的主账号定位和平台；
- 1～2 个辅助号 / 平台的建议；
- 各账号的差异化定位；
- 内容分配和资源配比建议；
- 账号间的联动机制设计；
- 3 个月的阶段性发展目标。

其实，构建内容矩阵的核心效率秘诀是内容的二次利用，即同一内容经过调整可以在多个平台或账号使用。例如，小红书相对于抖音更注重情感链接和价值感，对中视频也比较友好。

但是，很多人也发现了，小红书上火的内容在抖音上不一定火。原因很简单：抖音更注重"快""爽"，而小红书的节奏更慢，对 IP 的认可度更高。很多小红书 IP 的第一句话是"哈喽，我是 ××"，这种开头在抖音上可能早就被"黄金 3 秒"原则淘汰了。

同样，小红书上火的内容在 B 站上也不一定火，因为 B 站更注重沉浸感和价值。很多做 IP 知识付费的同行都评价 B 站"不需要运营，全靠才华"。其实，运营好了，B 站可以说是知识付费里最赚钱的一个平台。但还是那个问题：它只适合成熟的创作者。

关于怎么把一个核心内容拆解或转换为多种形态，适应不同平台的特性，我们也可以借助 AI 实现。其参考提示词如下。

请帮助我将这个核心内容转换为多平台适用的不同形态。

原始内容：[粘贴你的内容]

目标平台：[列出目标平台，如小红书、抖音、公众号等]

请提供以下内容：

- 小红书图文版（标题＋开场＋结构建议）；
- 抖音短视频脚本（情节安排＋分镜建议）；
- 公众号长文版（标题＋结构＋扩展点）；
- 视频号版本（重点呈现方式）；
- 每个版本的特色调整建议。

我们一直强调，AI 生成的内容不能直接用，但用正确的提示词创作出来的内容绝对是很好的参考。

（1）横向拆分法：大主题拆分

我们也经常拆分自己的文案。一篇 B 站文案动辄 8000 ～ 15000 字，而上逻辑链已经建好了，要改成短视频，哪段都舍不得删。在这种情况下，我们也可以借助 AI，将一个大主题拆分为多个小切入点，以适合不同账号的定位。其参考提示词如下。

请帮助我将这个主题拆分为适合不同账号的多个内容角度。

主题：［你的内容主题］＋添加附件。

我的账号矩阵：

- 账号 A 定位：［描述］
- 账号 B 定位：［描述］
- 账号 C 定位：［描述］

请提供以下内容：

- 适合账号 A 的 3 个内容角度和标题建议；
- 适合账号 B 的 3 个内容角度和标题建议；
- 适合账号 C 的 3 个内容角度和标题建议；
- 如何在不同角度建立自然引流。

我们指导学员拆了一个主题"日本东京之旅"，以下为 AI 生成内容。

- 个人主账号："东京 7 天深度游，治愈了我的职场倦怠"（个人体验视角）。
- 攻略机构号："东京自由行交通攻略：只需这 3 条线"（实用信息视角）。
- 美食垂直号："东京必吃 10 家米其林：体验均价不超 100 元"（美食专题视角）。

通过横向拆分，一次旅行产出了面向不同受众的多个内容。我们需要做的，就是根据新的选题做从原选题衍生出来的内容。

（2）纵向延展法：从浅到深的内容梯度

无论新手还是有经验的内容创作者，都会遇到一个卡点：不知道内容的深浅。这不是一句玩笑话，尤其是如果你在一个领域已经达到了专家水平，你可能会分不清什么是入门级内容和进阶级内容。

举个很浅显的例子，如果我在短视频里大讲特讲怎么做私域、私域的底层逻辑和认知，很多时候大家根本没耐心看下去。因为这些内容是需要用户"带着脑子看的"，而且很多新手根本不理解"私域"这个概念。但是，如果我把这些内容放到公众号上，面对的就是一群不同的人。

所以，我在公域只讲做账号、大环境这些比较泛的内容，主要突出我的经验丰富、想法独特就好。真正专业的内容全在我的公众号和朋友圈里。不是我藏着、掖着，而是好的内容放在正确的位置才有价值。不然费尽心力做的内容，因为定位错了没人看，岂不是大可惜？

无论你是不是真的分不清内容的深浅，我都建议你可以在 AI 的辅助下，把你的主题按照深度层级划分，看看如果分别在不同平台或账号发布，哪些是进阶级内容，哪些是入门级内容。

AI 纵深延展助手提示词参考如下。

请帮助我将这个主题按深度层级进行纵向延展。

核心主题：[你的主题]

目标受众：[受众描述]

请按以下深度层级设计内容：

- 入门级内容（适合短视频、图文，吸引初步兴趣）；

- 进阶级内容（适合小红书、专业号，满足实操需求）；

- 专业级内容（适合公众号、付费内容，深度知识体系）；

- 每个层级的关键点和表现形式；

- 如何引导用户从浅层向深层转化。

例如，我们让 AI 对健身领域的主题"间歇性训练"进行纵深延展，以下为生成结果。

- 抖音号（入门级）："3 分钟了解什么是高效间歇训练"（概念普及）。

- 小红书主账号（进阶级）："0 基础也能做的 5 种间歇训练方案"（实操方案）。

- 小红书专业号（专业级）："间歇训练 vs 有氧训练，哪个更适合减脂？"（原理对比）。

- 公众号和付费社群（深度级）："个性化间歇训练方案定制指南"（系统方法）。

通过纵向延展，我们可以把用户从浅层平台引导至深度平台，将整个付费流程自动化。

5.2　跨平台特性调整：让内容在每个平台都发挥最大效力

你有没有发现，同样一部电影在电影院、电视和手机上观看的感觉完全不同？这是因为不同的观看环境需要不同的呈现方式。内容也是一样的道理——不同的平台有不同的"口味"，简单地把内容从一个平台搬到另一个平台，效果往往大打折扣。

想象一下，你正在筹备一场家庭聚餐，要给不同的家人准备食物：爷爷喜欢清淡的，孩子喜欢甜食，父亲喜欢辣味。虽然是同一顿饭，但你需要为每个人的口味做调整，而且调整期间有时又很难把握给每个人做菜的火候。例如，孩子究竟要多甜？原菜谱怎么调整，才是父亲喜欢的辣？一不留神就容易"翻车"，还把原菜谱忘了。

所以，在 AI 出现之前，创作者对跨平台运营苦不堪言。这是因为在大部分情况下，我们很难改变已有的创作习惯。而且，对于一个成功的 IP 来说，团队对内容创作方面只是辅助作用，大部分的内容还是需要 IP 自身完成。对于一个小团队或一个单兵作战的 IP 来说，设计一个完整的矩阵框架可能都要花费很多力气。但是有了 AI 以后，我们就可以让 AI 生成矩阵搭建的建议，然后参考建议进行修改和完善。

5.2.1　主流平台的算法偏好

（1）小红书的口味：真实、实用、有故事感

小红书就像一个有很多闺蜜和朋友的下午茶聚会，人们来到这里是想看到真实的体验分享和实用的建议。

在小红书，用户喜欢：

- 高质量的图片，特别是那些看起来自然但精致的照片；
- 干货满满的实用信息，能立即应用到生活中的；
- 个人真实体验，而不是官方的说教；
- 步骤化的内容，一看就懂，一学就会。

小红书的标题通常带有一些疑问、数字和情感触发词，如"为什么皮肤总是缺水？3 个方法让你告别干燥肌"。

（2）视频号和抖音的口味：快节奏、有冲击力

视频号和抖音就像热闹的街头表演，你只有几秒抓住路人的注意力。

这些平台喜欢：

- 开头 3 秒必须吸引人，否则用户就划走了；
- 情感起伏要明显，平铺直叙很难引起共鸣；

- 画面要有视觉冲击力，变化要快；
- 内容要有悬念和戏剧性，让人想看到最后。

（3）公众号的口味：深度、系统、有思考价值

在公众号上，用户愿意看和思考一些有深度的内容。如果内容太浅显，用户可能因觉得"没营养"而划走。所以，公众号是非常适合我们做营销和加强用户黏性的必争之地。

但是，我们不能只做公众号，只能将公众号作为从公域引流后的流量漏斗的延伸。

公众号用户期待：

- 深度内容和完整的知识体系；
- 有逻辑性的论述，而不是碎片化信息；
- 背景信息和理论支持，不仅是表面现象；
- 能引发思考的延伸话题。

AI 跨平台内容调整助手提示词如下。

请帮助我将以下内容根据目标平台特性进行优化调整。

原始内容：［内容概要］

来源平台：［原平台］

目标平台：［目标平台］

请提供以下内容：

- 针对目标平台的标题优化；
- 内容结构和重点的调整建议；

- 适合该平台的表达方式和语气；
- 需要增强或减弱的内容元素；
- 该平台特有的互动和传播设计。

5.2.2 同一内容如何在不同平台上"变装"

我们用一个实例来看同一个内容如何在不同平台上调整。

假设你是一位理财博主，想分享"年轻人如何开始投资理财"这个内容。

（1）在小红书上的呈现

标题：25 岁月薪 8000，我靠 3 步两年攒下 10 万。

内容结构：

- 开篇放上你的存款增长曲线截图和简单的个人介绍；
- 用 3 ~ 5 张卡片式图片展示你的"三步存钱法"；
- 每一步配上具体行动和真实案例；
- 最后放一张你因为有存款而能享受的生活场景（如旅行照片）；
- 结尾设置互动："你现在每月能存下多少？遇到的最大困难是什么？"

视觉呈现：精美的图片，干净的排版，关键数字用醒目颜色标注。

（2）在视频号 / 抖音上的呈现

直接用冲突开场：你以为月薪 8000 元没法理财？我曾经负债 3 万元，现在每年轻松存 10 万元，秘诀只有 3 条……

内容结构：

- 快速讲述你的转变故事（10 秒）；
- 用震撼的前后对比展示效果（5 秒）；
- 三步法详解，每步配合生动的场景演示（30 秒）；
- 展示真实结果和可能的质疑回应（10 秒）；
- 互动引导："你觉得哪一步最难实施？在评论区告诉我。"

视觉处理：快节奏剪辑，数字变化的动画效果，情绪起伏的背景音乐。

（3）在公众号上的呈现

标题：从 0 到 10 万元：普通年轻人的科学理财入门指南。

内容扩展：

- 开篇讲述年轻人理财的重要性和常见误区；
- 加入理财的基本原理和心理学解析；
- 三步法的详细说明，每步都有理论依据和多个案例；
- 针对不同收入水平和风险偏好的调整方案；
- 长期坚持的方法和可能遇到的挑战；
- 延伸阅读和进阶建议。

深度增强：添加专业数据支持，引用权威研究，提供完整的思考框架。

同样是"年轻人如何开始投资理财"这个内容，在不同平台上的呈现完全不同。小红书版本注重个人真实经历和直观步骤，视频号版本强调情绪共鸣和视觉冲击，公众号版本则提供了系统性的知识和深度思考。

有了 AI，只要你输入正确的提示词，一切都变得快了起来。

实用小贴士如下。

- 不要只是"复制粘贴"：这是新手常犯的错误。每个平台都有自己的"语言"，简单的内容搬运，通常效果很差。
- 保留核心价值，调整表达方式：就像用不同的语言表达同一个意思，核心价值不变，但表达方式需要适应"当地文化"。
- 观察头部账号：研究每个平台上的头部账号如何处理内容，他们已经摸索出了最适合该平台的方式。
- 建立内容转化的工作流：设计一个从核心内容到各平台版本的标准流程，这样每次创作都能高效完成平台适配。

好的内容就像一道美食，需要根据食客的口味做出适当调整，才能获得最好的反馈。当你掌握了不同平台的口味偏好时，你的内容矩阵才能真正发挥最大效力，让你的影响力和变现能力同步提升。

5.2.3 流量导向方法：构建矩阵间的流量闭环

想象一下你开了几家不同的店，如果每家店的顾客都只在那一家消费，然后就离开了，那么你的营业额就会受到限制。但如果你能设计一个巧妙的路径，让顾客参观完一家店后自然地想去你的另一家店看看，那么营业额就会大大增加。这就是内容矩阵中流量闭环的核心思想。

单个账号或平台的流量总是有天花板的。例如，你的小红书账号可能最多只能吸引到对特定话题感兴趣的 10 万个粉丝。但通过建立流量闭环，你可以实现以下几点：

- 让粉丝在你的多个账号间流动，增加总接触时间；
- 将不同平台的粉丝汇集到你的核心变现渠道；
- 让粉丝从浅层内容逐步深入更专业的内容；
- 形成"粉丝留存漏斗"，降低粉丝流失率。

这就像商场设计的动线一样，引导顾客逛完一层后自然地到二层，再到三层，实现消费最大化。

在不同账号或平台间引导流量，主要有两种方式：显性引流和隐性引流。就像邀请朋友去家里做客，你可以直接发邀请函，也可以在聊天中自然提及"我家刚买了超好用的咖啡机"，激发对方的好奇心，再自然而然地邀请他来。

（1）显性引流，直接但需要技巧

显性引流就是将你的其他账号或平台直接告诉粉丝。例如，"想看完整教程，欢迎关注我的 B 站账号：×××"。

实用技巧如下。

- 选择恰当时机：在粉丝对内容产生强烈兴趣时引导，如教程讲到一半或展示了惊艳效果后；
- 提供明确价值：说明关注其他账号能获得什么独特价值，而不是简单地说"来关注我"；
- 制造稀缺感：如"完整版因为太长，放在 B 站，那里有更详细的步骤"。

我们在自己的视频里，有时会直接说"我们有一个专门针对海外华人创业的小红书账号"，并贴出账号，这样作为引流到小红书的部分。同时，我们也会直接引入"钩子"——"我也会每天在朋友圈分享自己的感想和所得"，引导用户添加我的微信，这样可以在私域里做营销。

（2）隐性引流，优雅且更容易被接受

隐性引流更巧妙，不直接提及其他账号，而是通过内容线索间接引导。这就像电影中留下的彩蛋，让真正的粉丝自己去寻找和发现。

实用技巧如下。

- 内容"钩子"法：在一个账号中埋下悬念，在另一个账号解答；

- 关键词导句：提示搜索"关键词＋博主名"，了解更多；

- 系列拆分法：将系列内容分布在不同账号，自然形成引导；

- 幕后花絮法：在主账号发正式内容，在另一个账号分享创作过程。

我会经常在视频里提到："这个模式背后的商业原理，我研究了 2 个月才搞明白，太复杂了，在这里讲不完。如果你有类似的情况或者想法，欢迎咨询。"这样增添了我们自己的专业性，也能让意向客户主动找我们。

如果你想要多样的引流词，也可以用 AI 辅助设计，其参考提示词如下。

请设计从［来源平台／账号］到［目标平台／账号］的引流策略。

来源内容类型：［描述］

目标平台／账号定位：［描述］

平台限制考量：［描述］

用户关系阶段：［初期／中期／深度］

请提供以下内容：

- 3 个显性引流方案及适用场景；

- 3 个隐性引流方案及实施方法；

- 如何在内容中自然植入引流点；
- 增强转化率的激励机制设计；
- 可能的风险及规避方法。

内容"钩子"是流量闭环中的伏笔工具，它就像一部电视剧的预告片，让观众迫不及待想知道后续。

- 悬念"钩子"：在一个账号制造谜题，在另一个账号揭晓答案。
- 深度"钩子"：主账号提供概览，专业账号提供深入分析。
- 工具"钩子"：主账号引发需求，工具账号提供解决方案。
- 案例库"钩子"：主账号讲方法论，案例账号展示实际效果。

如何设计有效的内容"钩子"呢？

- "钩子"要自然，不要生硬地说"想知道更多的话，关注我另一个号"。
- 利用人类与生俱来的好奇心，制造信息缺口。
- 确保另一个账号的内容真能满足期待，否则用户会失去信任。
- 定期分析哪类"钩子"最有效，就重点使用这类"钩子"。

- 不同账号之间保持一致的风格和质量。

例如，我们自己的"钩子"就很有效："线上创业这件事不是靠运气，而是有方法可循的。这个框架帮助我分析了超过 50 个成功案例，其中我最喜欢的案例是心理赛道上的一个博主，就凭着改变用户定位，在 3 个月时间内利润提升了 237%。因为时间关系，今天就聊到这里。我把这个案例的完整分析和实操步骤整理成了一份指南，感兴趣的朋友可以找我获取。我是然冉，我们下期见！"

这个"钩子"之所以有效，是因为具备以下几点优势。

- 制造了明确的信息缺口："改变用户定位"和"利润提升了 237%"这两个具体细节激发了用户的好奇心。
- 暗示有更多价值："完整分析和实操步骤"表明有实用内容等待发掘。
- 直接点名"心理赛道"：这个赛道有很多我们的目标用户，所以用"钩子"把沉默的心理赛道用户"拉进来"跟我聊一聊。
- 通过具体数字（50 个案例、利润提升 237%）建立专业可信度。

如果你在一开始不会设计"钩子"，也可以用 AI 辅助设计，其参考提示词如下。

请帮助我设计一组内容"钩子"，引导用户从［主账号］到［次账号］。

　　主要内容主题：［描述］

　　主账号平台：［平台］

　　次账号平台：［平台］

　　主要引流目标：［目标］

　　请提供以下内容：

- 3 种不同类型的内容"钩子"设计；

- 在主账号内容中植入"钩子"的自然方式；

- 在次账号如何呼应和满足用户期待；

- 如何设计循环引流机制；

- 具体的内容标题和核心构思示例。

5.2.4　矩阵运营常见陷阱如何规避

　　构建内容矩阵的过程中，创作者经常会遇到一些陷阱。以下是最常见的陷阱及解决方案。

（1）内容同质化陷阱

　　当你运营多个账号时，最容易犯的错误就是内容重叠度高，导致粉丝看到的都是大同小异的内容。

　　学员小李刚开始做矩阵时，她的美妆主账号和护肤副账号内容重叠度高达 90%。粉丝在一个账号看到的内容，在另一个账号几乎原封不动地重现，结果导致关注两个账号的粉丝开始流失。有粉丝直接在评论区指出："这不是你另一个号刚发过的吗？"尽管后续可以调整，但也相当尴尬。

解决方案如下。

- 给每个账号制定明确的内容边界。例如，主账号分享使用体验，副账号分析产品成分。
- 同一主题从不同角度切入。例如，关于减肥主题，一个账号讲运动方法，另一个讲饮食控制。
- 定期检查各账号内容的重叠度，确保差异性足够明显。

可参考的 AI 差异化助手提示词如下。

请帮助我梳理我的账号矩阵中可能存在的同质化问题。

我的账号内容：

- 账号 A：［内容描述］
- 账号 B：［内容描述］
- 账号 C：［内容描述］

请分析以下要点：

- 内容重叠度评估；
- 用户视角下的差异化不足点；
- 每个账号可强化的独特价值；
- 差异化定位的具体调整建议；
- 如何在保持品牌一致性的同时强化差异。

不同的账号就象处理同一主题的不同切入点，它们应该互补，而不是重复。粉丝关注多个账号的动力在于能获得不同的价值。

（2）资源分散陷阱

很多人看完我们前面的内容，雄心勃勃，一口气开了很多账号，结果精力不足，导致所有账号的质量都不高。学员阿明同时运营了 7 个不同的账号。3 个月后，除了主账号勉强维持更新，其他账号要么质量直线下降，要么就完全停更了。他坦言："感觉自己像在 7 个战场同时作战，哪里都顾不上。"

解决方案如下。

- 采用 "1+1" 起步策略：一个主力账号加一个辅助账号。
- 设置明确的资源分配比例：主账号投入 70% 的精力，辅助账号投入 30% 的精力。
- 制定合理的内容计划：主账号可能每周更新 3 ~ 4 次，辅助账号每周更新 1 ~ 2 次。
- 等一个账号达到稳定状态（通常是 1 万粉丝左右）再考虑扩展。

对于大多数个人创作者而言，2 ~ 3 个活跃账号是比较合理的规模。与其同时运营多个平庸的账号，不如专注做好 1 ~ 2 个高质量的账号。

（3）平台政策风险

每个平台都有自己的规则，不了解这些规则可能会导致内容被限流或账号受限。例如，抖音从 2022 年开始就明令禁止同一个 IP 下的矩阵号了，小红书也跟着发表了公告。后来因为创作者的集体抗议，改成了"多次发布完全重复的内容"，常规的矩阵号不受影响，但难免有时会因触及平台的政策而被"误伤"。

在各个平台，有时也不允许提及其他平台的名字。例如，小红书视频里如果出现抖音的标志，很可能会被限流或警告；引流到微信号的监管更严格。

规避风险的方法如下。

- 了解各平台的最新政策和规则变化，避免直接违规。
- 使用隐性引导而非直接引流，如"完整视频版本在我的主页简介里能找到"。
- 创造内容"钩子"：在一个平台埋下问题，在另一个平台给出答案。
- 利用个人资料区：在账号简介中自然地列出其他平台账号。

（4）账号定位混乱

当账号定位不清晰时，粉丝会感到困惑，不知道这个账号到底能提供什么价值。解决方法如下。

- 为每个账号创建清晰的"一句话定位"。
- 设计与定位一致的视觉风格和内容结构。

- 进行内容筛选，每次发布前问自己："这个内容符合账号定位吗？"
- 关注粉丝反馈，了解哪类内容最受欢迎，适当调整定位。

账号定位就像品牌承诺，它告诉粉丝"关注我，你会得到什么"。定位越清晰，吸引到的粉丝就越精准，互动和转化也会越好。在对定位感到疑惑，或者不知道是不是有问题时，你也可以用 AI 检测，其参考提示词如下。

请评估我的账号定位清晰度，并提供优化建议。

账号名称：[名称]

当前定位：[定位描述]

最近 10 篇内容主题：[列出主题]

目标受众：[描述]

请分析以下要点：

- 定位清晰度评分（1 ~ 10 分）；
- 内容与定位的一致性评估；
- 用户视角下可能存在的混淆点；
- 如何用一句话更清晰地定义账号定位；
- 提升定位清晰度的具体建议。

构建内容矩阵不是一蹴而就的事情，需要时间、耐心和持续的优化。在这个过程中，你会遇到挫折，也会有突破，这都是成长的一部分。

我们不是为了追求数量，而是为了建立一个协同增效的内容生态系统。无论刚起步的创作者，还是有一定基础的内容创业者，都应该开始培养矩阵思维，认识到内容创作不是孤立的行为，而是一个系统工程。在这期间，AI 会成为有力的工具。

5.3　60 分钟新手启动：从零开始的实操指南

> "我想做小红书，但总是犹豫不决，不知从何开始……等我再准备准备吧。"
>
> ——无数永远没能启动的创作者

5.3.1　新手迟迟不能启动的 3 大心理障碍

打开小红书，你看到精美的图片、专业的分析、数万的点赞量，心想："我不行，我需要更多准备……"这种永远在准备却从不开始的状态困住了 90% 想要踏入小红书的新人。接下来剖析阻碍你开始的 3 大心理障碍。

（1）完美主义陷阱：总觉得还不够好

这种心态通常有以下几种表现。

■ "我需要先买个更好的相机再开始。"

■ "等我把这个领域的知识学得更系统一点再说。"

■ "别人的笔记排版这么精美，我要再研究研究。"

真相：小红书上 99% 的成功创作者都是从"不完美"开始的。那些现在内容精美的账号，他们的第一篇笔记往往粗糙得令人难以置信。

包括我自己的账号，我的第一篇笔记只有 12 个字和 2 张模糊的自拍照，获得了 3 个赞。如果当初追求完美，我可能永远不会开始，也就不会有今天的成绩。

突破方法：给自己设定"够用标准"，而不是"完美标准"。第一篇笔记的目标是"完成"，而不是"完美"。你的第100 篇内容一定比第一篇好，但前提是你要有第一篇。

（2）信息过载：学得越多，越不敢开始

这种情况经常有以下表现：

■ 收藏了几十篇小红书运营教程；

■ 加入了多个小红书创作交流群；

■ 反复研究流量密码和算法规则；

■ 最终被大量信息淹没，无从下手。

真相：过度研究反而会增加心理负担。小红书的算法和技

巧确实重要，但只有在实践中才能真正掌握和应用。

一位 MCN 机构负责人曾对我说："我见过太多研究型创作者，他们什么技巧都知道，但从来没发出过自己的第一篇笔记。相比之下，那些行动派起步时容易犯错，但后续进步得很快。"

突破方法：采用"20/80 法则"，只学习最基础的 20% 知识（如基本排版、简单构图技巧），然后立即开始实践。在实践中学习，远比在理论中纠结更有效。

（3）身份认同障碍：不敢定义自己为"创作者"

许多新手会像下面这样想。

- "我只是一个普通人，有什么资格分享。"
- "专业人士才能做内容吧。"
- "万一有人质疑我怎么办？"

真相：小红书本质上就是普通人分享生活经验的平台，普通人的真实分享往往比专家的高高在上更有吸引力。

但实际上，"普通人视角"的内容互动率远远比"专家视角"的内容要高，因为用户更容易与同类人产生共鸣。最受欢迎的创作者往往不是领域中最专业的，而是能够以真实、亲近的方式分享的普通人。

突破方法：从分享者而非教导者的角度开始。分享你的亲身经历、踩过的"坑"和解决方案，这种真实的体验分享恰恰是小红书的核心价值。

克服这些心理障碍的最好方法就是行动。给自己 60 分钟，从零开始发布第一篇笔记。

- 前 15 分钟：完成账号的基础设置（头像、昵称、简介）。
- 中间 30 分钟：创建一篇简单的笔记（选一个你熟悉的话题）。
- 最后 15 分钟：检查并发布，然后调整心态。

新账号第一篇笔记的平均获赞数只有 3 个，评论数约 1 个。不要期待一鸣惊人，专注于开始这个过程和建立创作习惯。

每个高变现的创作者都是从第一篇无人问津的笔记开始的。重要的不是起点在哪里，而是能否敢于迈出第一步。

今天，就是你开始的最好时机。

5.3.2 极简启动法：60 分钟从零开始发布第一篇内容

抛开复杂理论，下面是一个任何人都能执行的 60 分钟极简启动流程。我知道你在想什么——"又是一个看起来简单、做起来难的方法"。别焦虑了，这次是真的简单，放下你的完美主义心态。我设计这个 60 分钟启动法，就是为了解决你一直拖延不启动的问题。

（1）前 15 分钟：账号定位与基础设置

① 极简定位公式（5 分钟）

使用"三要素公式"确定你的初步定位：

我是［身份 / 背景］＋分享［专长 / 兴趣］＋帮助［目标受众］解决［具体问题 / 需求］。

示例如下。

- 我是一名园艺爱好者，分享阳台种植技巧，帮助城市上班族打造绿色生活空间。

- 我是一位二孩妈妈，分享育儿实用方法，帮助新手父母省时省力解决养娃难题。

填完这个公式即可，不需要完美，之后随时可以调整。

② 基础账号设置（10 分钟）

只关注以下必要项，其余可以稍后完善。

- 头像：清晰简洁的照片或标志。
- 昵称：含有关键词的简洁名称。
- 签名：用 1 ~ 2 句话表达你的定位。
- 完成实名认证：避免后续功能受限。

极简原则：账号完善是一个持续的过程，不要在这一步花太多时间，这些都是可以不断优化的。一个基本可用的账号，比一个迟迟不上线的"完美"账号强太多了。

（2）中间 30 分钟：创建你的第一篇内容

① 选择最容易上手的内容类型（5 分钟）

新手首选以下三类内容，成功率最高。

- 实用干货型：步骤清晰的操作指南或技巧分享。
- 个人体验型：真实的产品使用心得或经历分享。
- 问题解决型：针对特定困扰提供解决方案。

从这三类中选择一个你最有把握的，不要尝试高难度的创意类或专业分析类内容。

② 极简内容创作流程（20 分钟）

标题公式（3 分钟）：

数字 / 问句 ＋ 核心关键词 ＋ 情感触发点 / 独特角度

示例如下。

- "3 个新手能做的家常菜，同事都以为我是厨师"。
- "为什么我的盆栽总养不活？园艺师告诉我秘密"。

内容结构保持简单（15 分钟）：开场用 2 ~ 3 句话点明主题和价值，主体写 3 ~ 5 个核心点，每点配图和简要说明，最后是简短总结和简单的互动引导。

配图要点（2 分钟）：注意在自然光线下拍摄，背景尽量简洁干净，内容要清晰可见，数量控制在 4 ~ 9 张。

新手提示：第一篇内容的目标是"完成"，而非"完美"。用 20 分钟创作一篇基本合格的内容，远比花几天打造一篇"完美"内容更有价值。

③ AI 辅助的快速内容生成（替代方案）

如果你面临写作障碍，可以使用以下 AI 提示词快速生成内容框架。

请帮助我创建一篇小红书笔记的基本框架。

主题：[你的主题]

我的身份 / 背景：[简单描述]

目标受众：[目标读者]

我想表达的主要价值：[核心价值]

请提供以下内容：

- 2 ～ 3 个适合小红书的标题选项；
- 开场白（2 ～ 3 句话）；
- 3 ～ 5 个核心内容点（每点 1 ～ 2 句话）；
- 结尾与互动引导；
- 4 ～ 6 张配图的拍摄建议。

（3）最后 15 分钟：发布与心态调整

发布前花 5 分钟做简单检查，避免大量外部链接和二维码，不要使用销售味道重的语言（如"买它"），确保图片没有水印和敏感内容，标题不要全部大写或堆砌标点。

关于发布时间，新手阶段其实不用太纠结，但如果可能，优先选择工作日上午 10：00—11：00、下午 3：00—4：00，或晚上 8:00—10:00。

最重要的是花 8 分钟调整心态和期望。要知道，第一篇笔记获得 10 ~ 20 个赞就很成功了。

成功的小红书创作者不是靠一篇爆款笔记起家的，而是靠持续输出积累起来的。有内容总比没内容好，有不完美的第一篇总比永远停留在准备阶段强。

放下恐惧，按这个简单流程行动起来。60 分钟后，你就不再是"想做小红书"的人，而是"已经开始做小红书"的创作者了。

5.3.3 AI 辅助的新手效率工作流让创作更轻松

在起步阶段，合理利用 AI 工具可以大幅降低创作门槛和时间成本，让你更容易养成持续创作的习惯。

当你不知道写什么时，可以使用以下提示词寻找灵感。

请根据我的账号定位，生成 10 个适合新手创作的内容选题。

我的账号定位：［简述你的定位］

目标读者：［目标受众］

我的知识 / 经验领域：［你的专长］

要求如下。

- 选题应该简单易执行，适合新手操作；
- 每个选题包含 1 个标题建议和 3 ～ 5 个内容要点；
- 按照执行难度从低到高排序；
- 特别标注出最容易获得互动的 2 ～ 3 个选题。

新手常见问题的 AI 解决方案如下。

针对"不知如何开始写作"的问题，可以使用以下参考提示词。

我想创作关于［主题］的小红书笔记，但不知如何开始。请帮助我：

- 提供 3 个不同风格的开场白；
- 列出这个主题的 5 个可能切入点；
- 给出内容的整体结构建议；
- 推荐 2 ～ 3 个容易引起共鸣的个人经历分享角度。

针对"不擅长拍照和图片处理"的问题，可以使用以下参考提示词。

我想为［内容主题］准备小红书配图，但不擅长拍摄。请提供：

- 新手也能操作的 3 ～ 5 个简易拍摄场景设计；
- 使用手机拍出好照片的 5 个实用技巧；
- 最简单的构图原则和光线建议；
- 如何用免费应用进行基础图片处理。

针对"内容写不够长 / 没素材"的问题，可以使用以下参考提示词。

我的［主题］笔记内容太短，需要丰富。请帮助我：

- 扩展 3 个可深入展开的方向；
- 提供 5 个相关的实用小技巧；
- 设计 2 个与主题相关的个人故事分享角度；
- 推荐 3 个可以自然引入的相关知识点。

5.3.4　创业者矩阵的 3 种经典架构模式

一开始的矩阵架构决定了整个 IP 的成败。我见过太多创业者盲目建立多个账号，结果顾此失彼，反而不如专注经营一个账号。我们对过去的经验进行总结，提炼了以下 3 种经过市场验证的经典架构模式。

（1）个人创业者的"1+2"精简矩阵

这种模式专为个人创业者或小型团队设计，资源有限但又想最大化影响力时特别适用，也是我们经常说的"创始人 IP"模式。

矩阵构成如下。

- 1 个核心个人 IP 账号（主力账号）；
- 2 个辅助功能账号（通常为 1 个流量账号 +1 个专业 /

转化账号）。

把 60% 的精力投入核心账号，给每个辅助账号分配 20% 的精力。这样你的主账号能保持高质量、高频率更新（每周 3 ～ 4 次），辅助账号可以低频但高质量地更新（每周 1 ～ 2 次）。

例如，林教授（化名）是一位拥有 10 年美国高校工作经验的留学顾问，他的精简矩阵包括以下 3 个账号。

- 核心 IP 账号"林教授留学笔记"，分享他的留学观察和独特见解，建立专业形象和信任感。
- 流量引导账号"林教授名校干货站"，提供高频实用的申请技巧和最新政策解读，吸引广泛流量。
- 案例转化账号"林教授藤校 offer 故事"，专门展示成功案例和学生感言，增强转化信任。

这个精简矩阵结构使林教授的月均咨询量从最初的 5 ～ 8 位增长到了 30 ～ 40 位，而且每位客户的咨询费从 5000 元提升到了 8000 元，因为他的专业定位更加清晰。

另一个同样成功的案例是形象设计师陈小姐（化名）的精简矩阵，包括以下 3 个账号。

- 核心 IP 账号"陈设计师的形象日记"，分享个人观点和设计理念。
- 流量账号"陈设计师穿搭指南"，发布快速实用的穿搭技巧。

■ 转化账号"陈设计师形象蜕变录",展示用户前后对比案例。

以上两个案例都是保留了 IP 名字,配上不同的定位,加深用户的记忆。

(2)成熟企业的品牌矩阵模式

这种模式适合已有一定品牌影响力的中小企业或机构,能同时展现专业和人性化的品牌形象。

矩阵构成如下。

■ 1 个官方品牌账号(权威背书);

■ 1 个创始人 / 核心团队个人 IP 账号(情感连接);

■ 2 ~ 3 个垂直内容账号(针对不同细分市场)。

例如,润途留学创始人 Matthew 打造了一个完整的留学咨询品牌矩阵,包括以下账号。

■ 官方品牌号"润途留学申诉组",提供用户平时的交流等,增强可信度。

■ 创始人 IP 号"Matthew 留学申诉",分享个人见解和行业内幕,定期发布真人出镜视频,增强用户的信任感。

■ 垂直账号一"润途留学申诉案例组",专注于申诉流程讲解。

■ 垂直账号二"润途留学生申诉",分享针对商科申请者的专业内容。

这个矩阵使润途留学在小红书建立了强大的品牌存在感，即使单个账号的粉丝数不高，但综合效应让他们在留学申诉这个小众但高价值领域成了权威。据 Matthew 分享，这个矩阵每月为公司带来了约 50 个高质量咨询者，平均客单价在 1 万元以上。

（3）全域引流的内容生态模式

这种模式适合资源充足的成熟企业或需要规模化获客的创业公司构建完整的内容生态系统。

矩阵构成如下。

- 1 个品牌主账号（价值观和理念传递）；
- 多个内容矩阵账号（覆盖用户决策的各个阶段）；
- 1 ~ 2 个社区互动账号（用户参与和共创）；
- 必要的竞品监测账号（市场洞察）。

例如，线上教育机构"学知"构建了包含 12 个账号的小红书生态矩阵，覆盖从考研、考公、留学到职场提升的完整赛道。这个矩阵每月带来 3000 多条精准线索。他们根据用户决策旅程设计了不同的内容账号。

- 顶部漏斗号：分享通用学习方法和热门考试信息。
- 中部漏斗号：针对特定考试或专业的深度内容。
- 底部漏斗号：展示学员成功案例和学习历程。
- 社区互动号：组织答疑活动和学习挑战。

最后，还是那句话——宁可少而精，不要多而滥。核心原则是确保每个账号都有足够的资源维护高质量产出。你在初期可以从"1+2"模式起步，随着业务发展和资源增加，逐步扩展为更复杂的矩阵架构。

5.4　AI 打造专业知识体系：从新手到领域"大V"的捷径

在内容创作的过程中，有一个残酷的现实：零散的知识点无法让你成为有影响力的创作者。只有构建系统化的专业知识体系，才能实现从普通创作者到领域"大V"的飞跃。

5.4.1　为什么大多数创作者停留在"会一点"阶段

普通创作者通常面临以下困境：

- 内容碎片化，缺乏系统性；
- 知识深度不足，无法回答深层次问题；
- 观点站不住脚，容易被专业人士质疑；
- 内容同质化严重，难以形成差异化优势。

有一位学员在刚找到我们时，虽然已经分享了 50 多篇关于护肤的笔记，但始终局限于"这款产品好用 / 不好用"的表面点评。当粉丝询问成分原理或针对特殊肤质的建议时，她无法给出专业回答，导致互动率和信任度始终上不去。

成功 IP 的核心竞争力永远是体系化思维。别人给你付费，是认可你的体系。无论知识付费，还是咨询，都是从你这个专业体系里抽出来的解决方法而已。

例如，MBTI 是一套性格分析体系，无论亲情、友情还是爱情，都可以结合 MBTI 找到"答案"。演讲人乐嘉曾经出过一套关于性格色彩的课程，这也是一套体系。他作为这套体系的创始人，用颜色解释每个人的性格。同样，作为一个 IP，你想在你的领域有一席之地，也一定要有一套自己的体系解答别人的问题。

我独创的高客单价变现体系能帮助每个行业、每个产品卖出高价，这也是很多人找我学习的原因。在知识付费领域中，这是我的标签，也是我的差异化。

（1）专业知识体系的 3 大核心价值

建立专业知识体系不仅是为了看起来更专业，而且是为你带来实实在在的竞争优势。

首先，它是你的个人护城河。你能解决复杂问题，提供深度观点，创作独特内容。这不是靠"刷数量"能追上的优势。你的体系也可以帮助你创作内容更轻松，因为这会让你的观点性很强。

其次，它能塑造你的权威形象。当你能从多角度、多层次分析问题，用专业术语准确表达，引用相关理论支持观点时，你的内容就会自然散发出专业感和说服力。粉丝会更信任你，愿意听从你的建议。而且，你的体系会成为你的 IP 标签。

最重要的是，体系是高客单价变现的起点。同样是理财领域创作者，有体系的张老师因为掌握了系统的投资理论和实操方法，能针对不同阶段、不同需求的粉丝提供个性化建议。他推出的付费课程售价是同类普通课程的 3 ～ 5 倍，且转化率更高。

这就是为什么有些看似普通的创作者能卖出比"大 V"更贵的课程，收到更多品牌的合作邀约，获得更高的咨询费。在专业服务领域，深度比广度更值钱。

（2）从零散知识到专业体系的 4 个发展阶段

建立专业知识体系是一个渐进的过程，一般经历以下 4 个阶段。

① 知识点收集期

在这个阶段，你会掌握基础概念和术语，了解主要问题和常见解决方案，能进行初步的信息分享。大多数创作者停留在这个阶段，只能分享"是什么"和"怎么做"的表层内容。

② 逻辑框架构建期

在这个阶段，你开始建立知识点之间的逻辑关联，形成初步的分类和层级结构，能对问题进行系统性分析。你不再只是零散地推荐产品或方法，而是能解释"为什么"以及"适合谁"。

③方法论形成期

这是关键的质变阶段，你开始发展出独特的解决问题的方法，建立完整的理论和实践体系，能提供个性化的专业建议。你可以创建自己的概念框架和术语，形成独特的内容特色。

④原创见解创新期

这是最高阶段，你能提出领域内的新观点和视角，创造独特的概念和模型、引领行业讨论和思想发展。你不再是知识的传递者，而是创造者。

作为一个 IP，通常至少需要 1 ~ 2 年时间完成这 4 个阶段的积累。但借助 AI 辅助，这个过程可以被压缩到 3 ~ 6 个月。

5.4.2　AI 赋能的知识体系构建 3 步法

我们想做一个领域时，最容易遇到的卡点就是专业度不够，这会导致我们无法持续输出。粉丝问深一点的问题，我们却回答不上来；想变现，却发现没人愿意为我们的内容付费。

以往，一提到"专家级别的内容"，很多人就会发怵，觉得自己"专业度不够""这里那里都不行"。以前我们可能需要查阅大量的资料，才有一点点收获。但是现在借助 AI，我们可以在短时间内掌握大量的知识。

关于如何从 0 到 1 地掌握一个领域的知识，并且发展出属于自己的专业体系，我归纳了以下 3 个步骤。

（1）构建领域知识图谱

你想要快速入门一个专业领域的第一步，就是快速掌握领域全景，建立知识点之间的关联，这样我们就能知道自己到底需要延伸哪些方向的知识。知识图谱可以帮助识别领域中最基础和关键的概念，并且梳理概念之间的层级和逻辑关系。

例如，你想做商业博主，AI 会帮助你列出商业的概念、实例。每次有不明白的概念时，你都可以从这些基本概念里找到解释。在一开始构建时，你也可以用 AI 做辅助，后面慢慢填充。你用 AI 做的情绪管理领域的知识图谱，就是能将原本零散的概念整合为"情绪识别→情绪成因→应对策略→长期构建"的完整体系，并明确了 70 多个关键知识点。知识图谱不仅能帮助你系统学习，还会成为你后续内容创作的"导航地图"。

AI 知识图谱生成提示词如下。

请帮助我构建［特定领域］的知识图谱。

我想专注的具体方向：［描述你的细分领域］

我当前的知识水平：［描述你的基础］

我的目标受众：［描述你的目标读者］

请提供以下内容：

- 这个领域的核心知识板块（5 ～ 7 个主要模块）；
- 每个模块下的关键知识点（每个模块 8 ～ 12 个）；
- 知识点之间的逻辑关联和层级关系；
- 学习路径建议（从基础到高级的进阶顺序）；
- 这个领域最核心的 10 个专业术语及其精确定义。

（2）扩充专业深度与建设案例库

"我的内容都是能从网上搜到的，没有独特价值，别人凭什么关注我？"

"那些'大 V'谈起专业问题头头是道，而我只能说些皮毛……"

这是初创博主的共同痛点，也是我们学员经常遇到的问题。有一位学员做的是投资理财类内容，但发现市场上同类账号太多，大家都在分享"省钱技巧""基金推荐"，内容很难做得跟别人不一样。评论区经常有人质疑："这些内容在百度上都能搜到，有什么价值？"

转机出现在他决定深挖价值投资这个领域。他不再只解释什么是价值投资，而是深入研究了价值投资的历史理论、关键指标、不同市场环境下的应用策略、常见陷阱及规避方法等。

有一次，他在公众号写了一篇题为"市场恐慌时，价值投资者应该做什么"的文章,详细分析了恐慌情绪下的市场特征、如何辨别真正的价值低估、实际案例分析等。这篇文章一发布就引起了前所未有的反响,评论区一片赞誉:"终于有人讲清楚了!""收藏了,太有价值了!"

关键在于他的内容从"是什么"深入到了"为什么"和"怎么做"的层次,为读者提供了真正的价值。

我们扩充知识深度时也可以借助 AI 助手,参考提示词如下。

请帮助我深入探索[特定知识点]的专业深度。

基础概念:[知识点基本定义]

我已知的信息:[你已经了解的内容]

需要深化的方向:[你想深入了解的方面]

请提供以下内容:

- 这个概念的学术定义和理论基础;
- 3 ~ 5 个相关的进阶概念及其关联性;
- 该领域最新的研究发现或趋势(近 1 ~ 2 年);
- 应用该概念的 5 个具体实例或案例;
- 达到专家级理解需要掌握的细微差别和边界条件;
- 可能面临的 3 ~ 5 个专业质疑及如何应对。

构建案例库的 AI 提示词如下。

请帮助我为[特定概念/方法]构建实用案例库。

核心概念 / 方法：［描述］

应用场景：［适用情境］

目标受众：［受众特征］

请生成以下内容：

- 10 个不同场景下应用该概念 / 方法的具体案例；
- 每个案例包含背景、问题、应用过程和结果；
- 案例的难度梯度（从基础示例到复杂应用）；
- 每个案例中的关键注意点和成功因素；
- 如何将这些案例用于内容创作的建议。

这一步会让你从"会讲"变成"懂得透"，粉丝在你的内容中能有真正的收获，而不只是浅尝辄止的常识。

（3）开发个人方法论与独特体系

"我的内容有干货，但和其他博主太相似了，没有个人特色……"

"粉丝看了我的内容，记住了知识，却记不住我……"

"我想卖课变现，但发现没有独特卖点，无法说服粉丝付费……"

这些是很多优质创作者面临的瓶颈，他们的知识很扎实，内容也很专业，但在一片红海中难以突围。粉丝看完他们的内容后，可能下一秒就忘了是谁分享的，因为太多博主在讲同样的内容。

但是，如果你有一套属于自己的体系思维和解决方案，用这套理论解决问题，那么一切都会变得不一样，因为你跟别人解决问题的方法不一样了。

例如，我们有一位学员是早教师，她做了一套"SPEAK早教法"，用来激发 3 岁儿童的全脑潜能。这个方法的步骤分为感官激活（Sense）、游戏引导（Play）、表达培养（Express）、适应训练（Adapt），还有关系建立（Kinship）。主要卖点是用生活习惯的融入来全面发展能力，不要求超前，而是尊重发展规律，甚至让儿童引导家长辅导。可以说，她的个人品牌、卖点都在这套体系里。

我们可以让 AI 辅助开发个人方法论（往常可能需要几个月的时间），其参考提示词如下。

请帮助我开发关于［特定领域］的个人方法论。

我的专业积累：［你的经验和见解］

现有方法的不足：［当前方法的局限］

我的独特视角：［你的差异化角度］

请协助我解决以下问题：

- 提炼出一个独特的解决问题的框架（3 ~ 7 步）；

- 为这个方法论创建一个有辨识度的名称；

- 设计 3 ~ 5 个核心概念或术语及其定义；

- 这个方法论解决问题的具体步骤和流程；

- 如何将这个方法论可视化为一个清晰模型；
- 证明这个方法论有效的案例和论据。

个人方法论是你最强大的差异性，也是高价值变现的基础。今天的内容创作市场已经从量的竞争转向质的竞争，没有体系的碎片内容正在被系统化的专业内容取代。

几乎所有成功的 "大 V" 都有自己的方法论：乐嘉有 "性格色彩" 体系，张德芬有 "遇见更好的自己" 体系……这些都是他们从普通创作者跃升为头部创作者的关键。通过这个 3 步法，你可以在几个月内完成从普通博主向专业创作者的转变，让自己的内容更有价值，账号更有影响力。

5.4.3　从通用知识到个人 IP：打造知识专属标签

你有没有这种感觉？你辛苦研究了许多专业知识，写出了自认为干货满满的内容，但粉丝只记住了你分享的内容，却记不住你是谁。更糟的是，当你想变现时，发现粉丝宁愿付费给那些理论不如你但有独特标签的博主。

问题出在哪？你只是知识搬运工，而不是知识创造者。

知识个性化是将通用知识转化为个人独特标签的过程，这是实现价值最大化的关键。

我们的学员小林（化名）就曾遇到这样的瓶颈。她的护肤知识专业且扎实，内容创作也很用心，但在众多美妆博主中毫无辨识度。她在准备推出付费内容时发现没人买单，因为粉丝认为"这些内容换个博主讲也一样"。

她一开始做知识个性化时也很迷茫，不知道怎么找自己身上"值钱的点"。后来，她结合自己调理敏感肤质的经历创造了"温柔护肤法"，将传统护肤步骤重新组织为"舒缓—强化—平衡—保护"4 步循环系统，并创造了一系列生动、形象的类比——把角质层比作"城墙"，把精华液比作"城墙修复队"。这让她的内容变得独特且易懂。更重要的是，粉丝开始用"温柔护肤法创始人林小美"来称呼她。她推出"敏感肌温柔护肤 21 天训练营"时，定价 899 元，却在 24 小时内售出 300 个名额。你可以理解为，这也是她"护肤知识体系"的一部分。

知识个性化主要有以下 3 个层次。

第一，知识解读，即用自己的语言和经历解释已有的知识。

- 普通博主：维生素 C 具有抗氧化功效。
- 个性化解读：维生素 C 就像皮肤的"守卫队"，最大的任务就是抵御自由基这群"破坏者"。直接看这句话，你可能觉得有点做作，但如果放到一个动画里呢？

第二，知识重组，即以新视角整合和关联知识点。

- 普通博主：分别讲解各种成分的功效。

■ 个性化重组：创建"肌肤营养素周期表"，将成分按功效和使用时机重新分类。

第三，知识创新，即提出原创概念和方法论。

■ 普通博主：讲解传统护肤步骤。

■ 个性化创新：创造"3R 肌肤修复系统"（Reset-Rebuild-Reinforce）。

如果你不知道怎样个性化自己的知识，也可以用 AI 做尝试，其参考提示词如下。

请帮助我将［通用知识］转化为个人特色内容。

通用知识点：［知识点描述］

我的背景和经历：［个人背景］

我的内容风格：［风格描述］

请提供以下内容：

● 如何用我的个人经历诠释这个知识点；

● 3 ~ 5 个能体现我个性的类比或比喻；

● 将这个知识改造为独特框架的方法；

● 可以创造的专属术语或概念；

● 如何在保持专业性的同时突出个人特色。

我们的学员张老师是做理财方向的，他将通用的"资产配置"概念个性化为"三桶四格资产配置法"，结合自己从负债 20 万元到资产过百万元的真实经历，创造出独特的理财框架，不仅内容辨识度大增，还成功招到超过 1000 名学员，实现了知识 IP 的商业化。

有人可能会觉得有点难，但这些名词并非凭空创造，而是基于你的核心知识体系，通过不同形式和深度的包装，满足不同用户的需求。

根据自己的个性化风格，你可以从以下几个维度考虑，设计自己的知识产品矩阵。

- 知识深度梯度：从入门知识到专业洞见。
- 形式多样化：文字、音频、视频、工具表格、咨询服务。
- 价格合理递增：免费、低价、中价、高价。
- 自动化程度：从高度自动化的数字产品到高度个性化的服务。

例如，你是一位理财博主，你的卖点体系是"现金流循环系统"，就可以设计下面这种完整的知识产品矩阵（仅供参考）。

- 入门级：免费的"7 天现金流觉醒"挑战（小红书内容＋公众号）。
- 基础级："现金流自由工作表"电子产品（99 元）。
- 进阶级："30 天现金流重塑营"线上课程（1980 元，每期招募 150 人）。
- 专家级："现金流倍增 VIP 计划"一对一咨询（8800 元，每月服务 10 人）。

■ 高端级：企业现金流管理咨询服务（项目制，5 万元 /
次 ~ 10 万元 / 次)。

作为 IP，你的目标是创建一个生态系统，而不是单一产
品。这样，粉丝可以根据自己的需求和预算选择适合的产品，
而你也能最大化每个粉丝的终身价值。

你也可以用 AI 辅助生成自己的知识产品设计，其参考提
示词如下。

请帮助我设计基于［知识体系］的个人知识产品矩阵。

我的知识领域：［领域］

目标受众群体：［受众］

现有内容资产：［描述已有内容］

请规划以下内容：

- 完整的知识产品阶梯（从免费到高端）；

- 每个层级的产品形式和核心价值；

- 产品间的联系和引导路径；

- 如何将现有内容模块化重组为产品；

- 知识产品的差异化竞争优势；

- 阶段性实施计划和优先级建议。

5.4.4　专业知识体系构建案例

不同领域的知识体系构建有其特殊性，但底层逻辑都是一

样的。本节分析 3 个典型领域的实战案例，帮助你进一步领略什么是知识体系。

（1）美妆护肤领域的科学体系构建

林小美（化名）原本只是商场的一名普通化妆品导购，没有任何专业背景。刚开始做小红书时，她只能分享"这款面霜好用""那款精华液不推荐"等简单的使用感受。和大多数美妆博主一样，她很快陷入了困境："我能说的，大家都能说。我推荐的产品，别人也在推荐。读者问我为什么这个成分好或者适合什么肤质，我答不上来……"她回忆道，"有一次，一个粉丝问我为什么用了我推荐的产品，反而过敏了。我只能尴尬地说'每个人的肤质不同'，感觉特别没有说服力。"

转机出现在林小美决定专注"敏感肌护理"这个细分领域时。她开始系统学习皮肤学知识，从最基础的皮肤结构到敏感肌的形成原因，再到各种护肤成分的作用机制。"我买了 3 本皮肤科的教材，加入了专业的成分分析社区，甚至请教了几位皮肤科医生。虽然刚开始看那些专业书特别吃力，但坚持下来后，我对护肤的理解完全不一样了。"

林小美最大的突破是创造了自己的"SAFER 敏感肌护理体系"。

■ 扫描（Scan）：教会用户如何评估自己的皮肤状态。

- 避免（Avoid）：识别和规避个人特定的刺激源。
- 修复（Fix）：针对性的屏障修复步骤。
- 增强（Enhance）：提升皮肤的整体耐受性。
- 日常（Routine）：可持续的日常维护方案。

这不是林小美凭空发明的新理论，而是把专业的皮肤学知识整理成普通人能理解和操作的体系。这个体系让她的内容从千篇一律的产品推荐变成了系统化的肌肤解决方案。读者不再只是被动接受推荐，而是学会了理解自己的肌肤需求。

同时，林小美利用 AI 深入分析护肤成分数据库，建立"敏感肌成分风险评估模型"，为不同的敏感类型提供个性化成分建议。

变化很快显现：从前她的粉丝大多是爱买化妆品的年轻女性，现在越来越多真正有敏感肌困扰的人找到她；从前她只能靠带货赚取微薄佣金，现在她提供"敏感肌定制护理方案"咨询服务，收费从最初的 198 元涨到了现在的 980 元，每月还能稳定地接 20 ~ 30 个咨询；三家专注敏感肌的护肤品牌主动找她合作，单次合作费用过万元。

林小美的月收入从最初的 10000 元增长到了现在的 30 多万元，关键是收入更稳定，不再随着平台流量波动。

在美妆领域，构建以皮肤学为基础的专业知识体系，远比堆砌产品使用体验更具差异化竞争力。

（2）投资理财领域的体系化专业升级

王小明（化名）原本是一家银行的普通柜员，在业余时间喜欢研究投资理财。他开始在小红书分享理财心得时，内容主要集中在"××基金推荐""信用卡这样用最划算"等基础话题。刚开始，他的粉丝增长还可以，但很快就遇到了瓶颈。因为市场上太多人在分享类似内容，而且经常有人质疑王小明的专业度，问他凭什么推荐这些产品，有什么理论依据。更糟的是，他想提供付费咨询时没人愿意买单。

王小明意识到，要从众多理财博主中脱颖而出，必须建立系统的投资知识体系。他开始从宏观经济、资产配置、风险管理等多个维度全面学习金融知识。"我不再满足于知道'投什么好'，而是深入理解'为什么好'和'什么情况下好'。"他花 3 个月时间绘制了一张详细的金融知识图谱，将各种投资理念、工具和策略整合成一个有机整体。随后，他开始提升量化分析能力，学习如何用数据评估投资效果、分析风险收益比。这让他能够超越主观判断，提供有数据支持的建议。

在入门以后，王小明开始开发自己的投资决策系统。

- 价值评估：如何判断一项资产是否被低估。
- 资产配置：根据人生阶段和风险偏好分配资金。
- 生命周期调整：随年龄和财务目标变化调整策略。
- 收入多元化：构建多种现金流来源。
- 风险防御：建立保护资产的安全机制。

　　同时，他利用 AI 构建"个人财务健康评估模型"，输入基本财务数据即可生成综合分析和个性化建议，大幅提升专业服务效率。

　　这个系统让王小明的建议从"你应该买这个基金"升级为"根据你的情况，这是适合你的完整投资方案"。他开设了付费专栏和线上课程，每月收入稳定在 5 万元左右。最令他满意的是，他的"年度财务规划"咨询服务定价 4800 元，但仍然供不应求。

　　"以前我只是告诉别人买什么，现在我能帮助他们制定完整的财务战略。这种价值是难以替代的，也是客户愿意付高价的原因。"王小明说道。

　　金融知识本身并不稀缺，但系统化的理财思路和个性化的应用能力却很稀缺。这正是专业知识体系的价值所在。这个逻辑适用于任何行业。

（3）健康饮食领域的科学知识架构

　　小红（化名）是一位全职"宝妈"，为了产后修复身材，她平时喜欢研究健康饮食。起初，她在小红书分享一些简单的健康食谱，如"低卡早餐分享""增肌餐食谱"等。尽管她做的菜好吃又健康，但评论区有很多粉丝问她健康的原理，比如，"为什么这个食材有助减脂""为什么这样搭配更健康"。实际上，不同人的体质和目标不同，她无法给出针对性建议，只能分享通用食谱。越是这样，粉丝就越质疑她的专业性。

为了把自己的 IP 做得更好，小红开始系统学习营养学知识。她从了解最基础的营养素开始，深入研究各种食物的成分与功能，学习消化系统的工作原理和能量代谢过程。这时，她发现很多饮食"常识"其实并不科学，而那些真正有效的方法往往被忽视。

为了让知识更接地气，小红开始研读营养学期刊和临床研究，了解真实的饮食干预效果。她甚至在自己身上做实验，记录不同饮食模式对身体的影响。

真正让小红做出差异化的，是她的"META 饮食平衡系统"。

- 测量（Measure）：了解个人的代谢特点和营养需求。
- 清除（Eliminate）：识别并排除问题食物。
- 定制（Tailor）：设计符合个人需求的膳食方案。
- 适应（Adapt）：帮助身体逐步适应新的饮食模式。

这个系统让小红能为不同人群提供个性化的饮食方案，而不是泛泛而谈。她的内容也从"看起来好吃的食谱"变成了"解决特定问题的饮食方案"。小红推出"28 天代谢重启营"线上课程，定价 899 元，却意外地有 82 人报名。更令她兴奋的是，她开始提供"个人定制饮食方案"服务，定价 3200 元，每月仍能稳定地接 5 ~ 8 个客户。

我们也有很多其他拥有专业技能的学员，但案例里的这 3

个人，没有一个人有专业学历，但他们都通过自学和实践建立了专业体系。敏感肌护理、个人财务规划、个性化饮食指导，都是大领域中的细分方向。

如果你想要转型，你以前所有学过的东西都有可能对你产生正向的作用。这几个案例并不是我们在短视频上经常看到的"帮你赚一个亿"，而是普通人真实能达到的状态。

无论你在什么领域创作，建立系统的专业知识体系都能帮助你实现从"会一点"到"真专业"的蜕变，从而在内容创作和个人变现上取得质的飞跃。关键在于找准方向，系统学习，打造个人方法论，让你的知识不只是知识，更是你的个人品牌和核心竞争力。

5.4.5　终极启示：知识体系是创作者的最强护城河

记得几年前，我刚开始做内容时，有一个特别打击我的评论："又是从百度复制粘贴的内容，没有一点价值，取关了。"那段时间，我经常思考，为什么有些创作者随便发点内容就能获得成千上万人点赞，而我辛辛苦苦整理的内容却无人问津？为什么有些人能做出开价几千元的咨询服务和课程，而我的免费内容甚至都没人领？

有一次，我跟一个朋友交流。她说："你挺努力的，但我看你的内容，总是觉得很零散。如果你有一套系统，会不会不一样？"

这句话彻底改变了我的创作路径。我开始着手构建自己的知识体系，从最基础的原理到实操方法，从典型案例到常见误区，一点点搭建自己的专业框架。半年后，我发现自己不再为"今天写什么"而焦虑。因为一个完整的知识体系就像一张地图，告诉我下一步该往哪走。

更神奇的是，粉丝们的反应也完全不同了。

"终于找到一个把这个领域讲清楚的博主！收藏了！"

"你的内容太有价值了，比那些随便说说的深刻太多。"

"我愿意付费听你讲更多，什么时候开课？"

当我推出第一个付费社群时，3 天内 188 个名额全部售罄。当时我才意识到，真正的变现不是靠流量和热度，而是靠体系化的专业价值和由此建立的信任关系。

回头看这段旅程，我深刻体会到：知识体系是创作者唯一无法被轻易复制的核心竞争力。

在信息爆炸的时代，单个知识点随处可得，但能将知识点串联成体系、转化为方法论的创作者却凤毛麟角。这就是为什么有些人发同样的内容能收获 10 倍的认可和回报。

我看过太多内容创作者的起起落落。那些昙花一现的博主多是蹭热点、靠流量，而那些基业长青的"大 V"，无一例外都拥有自己独特的知识体系和方法论。

想一想刘润的 5W2H 分析法、樊登的读书提炼术、李笑来的学习方法论，这些都不是他们凭空创造的新知识，而是他们将现有知识重新组织、提炼、系统化的结果。正是这种知识体系让他们从无数创作者中脱颖而出，构筑起别人难以逾越的护城河。

在我接触过的上千名创作者中，那些实现百万元年收入的无一例外都经历了从分享者到体系构建者的转变。他们可能起点不同、领域各异，但成功路径惊人地相似：先构建知识体系，再打造方法论，最后形成 IP 变现。

有时我会想，如果当初没有朋友的提示，没有意识到知识体系的重要性，我可能还在为一篇爆文绞尽脑汁，还在为零星的带货佣金挣扎，而不是像现在这样拥有自己的课程体系、咨询业务和稳定收入。

所以，如果你是一位内容创作者，无论你处于哪个阶段，请记住：建立你的知识体系是从普通到卓越的唯一捷径。它不仅能让你的内容更有深度和系统性，让你的粉丝获得真正的价值和改变，也能让你摆脱平台算法波动和流量起伏造成的影响，建立属于自己的护城河和变现体系。

你不是在卖知识点，而是在提供一套解决问题的系统方法。当你拥有这样的体系时，你就拥有了在这个信息爆炸的时代最珍贵的资产——你的独特价值。

在 AI 与人类协作的新时代，个人的价值不再来自对信息的占有，而是来自对知识的整合、应用和创新。构建自己的专业知识体系，不仅是成为领域"大 V"的捷径，更是实现个人长期价值的根本所在。

如果你正在为内容创作和变现而困惑，不妨问问自己：我是在分享零散的知识点，还是在构建完整的知识体系？答案可能会让你找到突破的方向。

期待有一天，你也能凭借自己独特的知识体系，在创作和变现的道路上实现从量变到质变的飞跃。相信我，那一天比你想象的要近得多。